罪悪感をなくして心のフットワークをよくする処方箋

大嶋信頼 著

ナツメ社

人の顔色が気になる…私って迷惑なダメ人間？

僕もみなみくんのことを見習わなきゃな
さてと、今日の会議は何時からだったかな？
あの子さ…きっと…
そうだよね、私も○○△△だと思う！
なにしゃべってるんだろう？きっと私のことだよね…
みんなを不快な気持ちにさせたよね
やっぱり…明日から時間を遅らせて出勤しよう

昼休み…
あー お腹すいたー
メールきてるかな…
そういえば、さっきの会議で企画書の部数足りなくて、先輩に迷惑かけちゃったかな…
30部ね
ハイ!
でも30部って先輩が言ったんだよね。私のせいじゃないけど…
メールでフォローしておこうかな
先にあやまっておいた方が空気悪くならないもんね …ちょっと罪悪感
きっと〝気にしないで〟って返信くるよね…

あ、着信!
ピロン
ガーン
「みなみさん、さっきは大変だったね。これからは気をつけてね」
えー!! これって私のせいってことだよね
やっぱり私がいけなかったんだ。直前にちゃんと確認しなかったから…
私ってダメ人間。先輩にも嫌われたかな…
あぁぁ…

罪悪感チェック

30の質問に答えることで、
今のあなたの心の状態を知ることができます。
該当するものを１点として加算していきましょう。
合計点があなたの罪悪感指数となります。

1. 休日にゆっくりと休めたことがあまりない。

2. 人といるといつも気を使ってしまって、楽しめない。

3. スマートホン（スマホ）やテレビゲームをしていて、後ろめたい気持ちになることがある。

4. 人からもらったものは不必要なものでもなかなか捨てられない。

5. 部屋がもので溢れていて片づけられない。

6. 発言をした後で「しまった！」と後悔することが度々ある。

7. まわりの人が楽しんでいるときに心が冷めている。

8. 楽しんでいるフリをしているときがある。

9. 親からもらったものを捨てられない。

10. 過去の失敗体験が襲ってくることがある。

11. 夜、一人反省会をすることがある。

12. 自分が傷つけてしまった人のことがしばしば思い出される。

13. 募金やボランティアを時々したくなる。

14. 人に親切にしなければ、と思うことがある。

15. 落ちているお金を拾って自分のものにすることは怖くてできない。

16. 自分は誰かから恨まれている、とか憎まれていると思うことがある。

17. なにか良いことがあったら怖くなることがある。

18. 自分だけ仲間外れにされていると感じることがある。

19. 集団の中にいるのが苦手である。

20. 人の顔色をうかがってしまう。

21. 人に責められそうになり、とっさに嘘をついてしまうことがある。

22. 自分のついた嘘が忘れられない。

23. 自分の失敗をいつまでもクヨクヨと悩んでしまう。

24. お金のことが心配で将来、貧乏になってしまうのでは？ と不安になることがある。

25. 基本的にケチである。

26. ものを買うときに、すぐに決断することができないで、結局、損をしてしまう。

27. 生きている価値がないと思うことがある。

28. 生きるのがつらいと思うことがしばしばある。

29. もし、死後に天国と地獄があるのだったら、天国に入れる自信がまったくない。

30. 自分は人のことを不快にさせることがある。

〈罪悪感指数〉

合計　　　　点

罪悪感指数からわかる

あなたの心の状態

0点　罪悪感フリータイプ

（反社会性パーソナリティ、自己愛性パーソナリティ）

人を知らないうちに傷つけていることも、場の空気が読めていないことも気にしない強者です。自分がいつも正しくて、まちがっているのは他人。「相手が悪い！」と確信がもてるので、反省をする必要がまったくなく、失敗からの学習も必要がない。常に、まわりには、気を使ってくれる相手がいてくれますが、そんな人がいても「いて当たり前」と、感謝する気持ちも必要なく堂々と生きられます。

1～5点　一般人タイプ

ほどよい罪悪感が人間関係や社会のルールに従うことに役立っていて、人間関係を良好にしてくれます。罪悪感が人から信頼されるのにも役立っていて、仕事でもほかの人間関係でも尊敬されるタイプです。

6～10点　真面目タイプ

罪悪感のせいでさほど融通が利かなくて、おもしろ味がない、と不自由さを感じてしまう。もう少し罪悪感がなければ、自由にのびのびと仕事も楽しむことができるのに、ちょっとした自分の発言や人の言動が気になってしまって、今ひとつ、なにをやっても楽しむことができないタイプです。でも、その罪悪感からくる真面目さで人間関係でも仕事でも成功することができます。

11〜20点　足かせタイプ

罪悪感が足かせになっていて、自分がやりたいこともできないし何事も楽しめなくなっています。罪悪感から本来もっている才能も活かせなくなって、成功しそうになっても自分で成功を手放してしまう傾向があります。少しでもうまくいきそうになると、すぐに罪悪感が足かせとなって、失敗の方向へと引っ張られて「なにも成し遂げられなかった」と虚しくなります。

21〜30点　生き地獄タイプ

常に罪悪感に苦しめられていて「生きるのがつらい」と息をするのも苦しい状態。なにをやっても罪悪感がつきまとい、「なんで私だけこんなに苦しまなければならないんだ！」と、人に対しても神に対しても怒りに満ち満ちています。その怒りから時折、嘘をついたり破壊的な言動が出てしまうと、再び罪悪感に襲われて、苦しみ悶えて「地獄の苦しみ」を生きながらにして味わい続けることになります。でも、そんな苦しみを表現したら、まわりの人を不快にさせるはずという罪悪感があるので、表面的には笑顔で、必死に普通の人を演じていますが、中身は地獄の苦しみを味わっています。

一般的に「罪悪感」は、たとえば、嘘をついたり、人を傷つけたり、いけないことをやってしまったり、人のものを盗んだりしたときに感じるもの。法律的に「罪を犯した」とか、他人や社会に対して「悪いことをした」というときに感じるものです。

ですから、多くの人は「え？　罪悪感ってなんですか？」と、あまり自分の罪悪感に自覚がもてないでしょう。人を傷つけたりしてないし、人をだますような嘘をついた心当たりもない。法律的に違反するようなことをしたこともないし、人のものを盗むなんてこともしたことがない。だから「罪悪感」と言われてもさほどピンとこないんです。

自分のことだと罪悪感がなんのことだかわからない。けれど「あの人は罪悪感を抱えているのかしら？」と、他人の罪悪感を探ってみるためにこの本を読んでみるとおもしろいかもしれません。

「あの人は、あんなひどいことをしたのに罪悪感を感じていないのかしら？」と思いながら読み進めていくと、「あ！　あのとき逆ギレしたのは、あの人が罪悪感をもっていたからだったんだ！」と他人の罪悪感が手に取るようにわかってきます。あの人のあのふてくされた態度は罪悪感からなんだ！と、これまで理解できなかった相手の行動が「罪悪感」でクリアに見えてきます。

罪悪感にまみれている人は、こちらにも罪悪感を植えつけようとしてくる、そんな行動パターンもわかるようになると、「自分の行動って他人の罪悪感にものすごく邪魔されていたんだ！」ということが見えてきます。

それに気づくと他人の罪悪感に足を引っ張られなくなるんです。すると「なにをやるにもフットワークが軽くなった！」と、自分がしたいことを自由にできるように変わっていきます。「あ！　私も罪悪感に縛られていたんだ！」と、自由になってみて初めて自分が抱えていた罪悪感に気づけるようになるんです。

そうなんです！　罪悪感って、指先に刺さったトゲのような感じ。小さなトゲが刺さっていて痛みを感じるので、思いっきりほしいものをつかむことができない。刺さっているトゲに目を向けたら「痛い！」から誰もがそこに注目しない。だから、「罪悪感なんてありません！」とまるでトゲは刺さっていないかのように生活しているんです。

でも、他人の罪悪感に注目するうちに、「自分の指にもトゲが刺さっていた」と自分の罪悪感に気がついて、そこから解放されていく。すると、どんどん自由に動けるようになる。それは罪悪感から解放されて、その痛みが取り除かれるからです。

読むだけで、他人の抱えている罪悪感が手に取るようにわかるようになって、自分自身で気づけなかった罪悪感からも、知らず知らずのうちに解放されていきます。

この本を読み終わったときに、「あれ？　罪悪感ってなんだっけ？」と思うかもしれません。もしかしたら、それは罪悪感から本当の意味で解放された証拠なのかもしれません。

第1章 罪悪感は心のフットワークを重くする

第2章 自分を責めてしまう心のしくみ

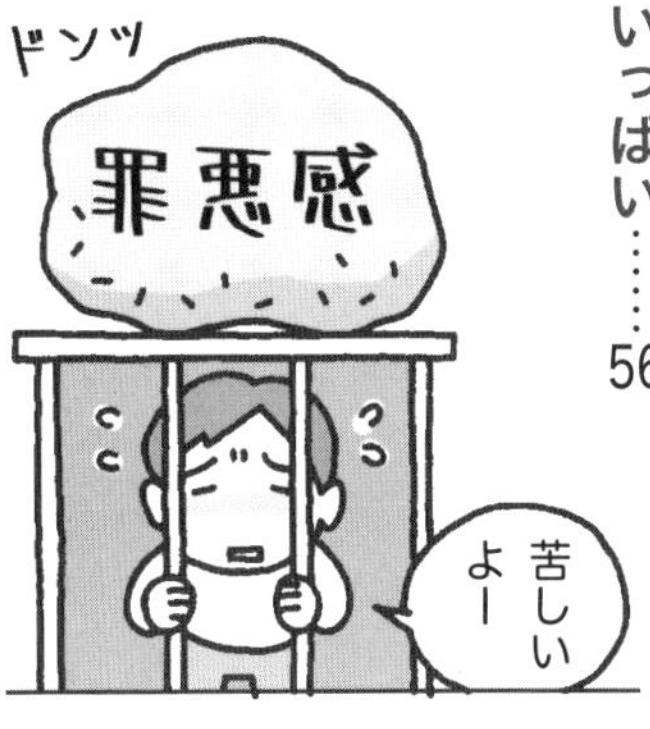

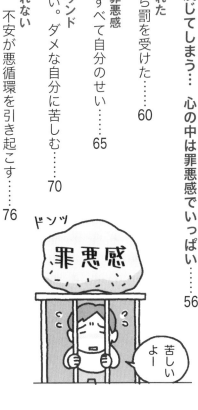

第3章
こんな行動の裏に罪悪感が隠れてる？

第4章 心のフットワークを軽くする処方箋

第5章 きっと素敵な人生が待っている

● スタッフ
編集協力／オフィス 201
本文デザイン／小山良之
漫画・イラスト／小野寺美恵
校正／遠藤三葉
編集担当／山路和彦（ナツメ出版企画）

第1章

罪悪感は心のフットワークを重くする

いつも自分を責めてばかり…こんなに苦しいのはなぜ？

あれ？みなみさん行かないの？
ええと…私なんかが行ってもいいのかな
来なよ
でもしらけちゃわないかな…
別に大丈夫なんじゃない？
うん。じゃあ行こうかな
うざいって思われたよね。迷惑だよね。でも誘われたのに行かないのも悪いよね…罪悪感

帰宅後…
M社にて…
ハイ！ハイ！
プランAとBの説明は以上です
トン トン
あの…すみません、プランAとBの大きな違いは何ですか？
先ほども申し上げましたが？
え？
すみませんっ
私のバカ！ちゃんと聞いてなかったから…

M社の北野さん、きっと呆れてるよね…あ〜もうヤダッ
そういえば、北野さん帰り際に冷たかったもんな…
…
きっと、課長も呆れてるだろうな
私って本当に役立たずだな…
生きてる価値ないな…
ゴロン

■自分のやりたいことができない

やりたいことよりも「〇〇しなきゃ」が優先される

休日になって「やった〜！　やっと休める」と思っても、「本を読まなきゃ」とか「勉強をしなきゃ」となるのはなぜか。

本を読んだり勉強をしなきゃ、将来、大変なことになる、という不安から「やらなきゃ」と思ってしまいます。でも実は、不安から追い立てられる気持ちになる、と思っているのですが、その不安の裏には時間をむだにしてしまう「罪悪感」が隠れている。だから、「ちゃんとやらなきゃ！」となるわけです。

▼できない自分がダメ人間に思えてくる

私の場合は、時間をむだにしてしまう罪悪感や、ほかの人が大変な目にあっているかもしれないのに、自分だけ楽しむ罪悪感があるから、やりたいことをやるよりも、自分を苦しめることを選択してしまいます。だから、休みなのに「専門書を読まなきゃ」とか「英語の勉強をしなきゃ」と思うんです。

時間をむだに使うことへの罪悪感から、「〇〇しなきゃ」と思う

でもそれって、休みに自分が本当にやりたいことではないから、重い腰が上がらなくなって、なかなか本やテキストに手をつけられない。

そして、テレビをダラダラ見たり、思いつきで買いものに出掛けて、時間をむだにつぶしたりして、1日があっという間に終わってしまって、「あーあ、ちっともやろうと思ったことができなかった」というやな感覚になります。

実は、その裏にも罪悪感が隠れていて、「決めたことができない罪悪感」や「時間を有効に使えなかった罪悪感」などが私を苦しめて、「もういや〜！」と、自分がものすごくダメ人間に思えてきます。この「ダメ人間」というのが罪悪感にまみれている証拠なんですね。

多分、私の中に、この「罪悪感」というものがな

ければ、「休み！」となったらディズニーランドに行ったり、日帰り温泉でゆっくりお風呂につかって、楽しんで帰ってきたりできるわけです。

でも、自分が本当にやりたいことをしよう、と思ったときに、必ず罪悪感が襲ってくるから、「部屋の片づけをしなきゃ」とか「溜まっている書類を処理しなきゃ」と、罪深い自分に罰を与えてしまう。

自分は「罪悪感で自分を苦しめようとしている」という自覚がないから、「あれ？　なんでやろうと思っているのにできないのかな？」となって、ますます思ったことを実行できない自分に「あー、自分ってダメだな」とさらに罪悪感が湧いてきて、「どんどん重苦しくなっていく！」となっていました。

▼人のせいにすることで、罪悪感がますます膨らむ

さらに興味深いのは、「さあ、集中して勉強をするぞ！」とやり始めたときに、「一緒にいる家族を放りっぱなしにしている罪悪感」が湧いてきて、「あー、いつも私に気を使ってくれているのに申し訳ないな」となって、家族の気持ちを考えてしまって、まったく集中できなくなるんです。

「家族の気持ち」と言っているけれど、これはただやらないことに対する「言い訳」をしているのでは？　と思うことも。そう、罪悪感にまみれて、自分のやりたいことができない、という人は「言い訳をしている」という感覚があります。

常に、「でも」とか「だって」という言い訳をして、やらなければいけないことが少しもできない、とか、自分がやりたいことができないのを人のせいにしている、と感じています。表面的には認めないけれど「いつも自分は人のせいにしている」と、責任転嫁をしている自覚が心のどこかにあって、それも「罪悪感」となっているわけです。

自分はいつも自分を責めているフリをして他人を責めている、という自覚も自分の中にあって、「卑怯者」である自分を隠そうとしています。

でも、「やりたいことができない」というときには、必ずこの「人のせいにする卑怯者」が自分の中に出てきます。「あー、また人のせいにしているよ！」と、自分の中でさらに罪悪感が膨らんでくるので、「やりたくないことをやりたいことにすり替える」という罰を無意識のうちに自分に与えてしまうんです。でも、自分が本当にやりたいことではないので「やっぱりできない」と、ダメな自分にさらに罪悪感を感じる、そんな悪循環になっていました。

「やりたいこと」と言われて「部屋の片づけ」とか「ものの整理」というのが私の中からパッ

と出てきますが、「片づけようと思ってもできない」のは、罪悪感にまみれている私は「やりたいこと」というのが、罪深い自分に罰を与えること、になっているからなんです。

友達と一緒に出掛ける約束をしても、直前になって「あーあ、行きたくない」と思ってしまうのは、「楽しむ」という概念がないからです。

罪悪感で「罪に対する罰」の感覚があるから、「友達と一緒に出掛けたって絶対にいやな目にあう」と罪悪感が思わせるんです。

常にダメな自分は罰を受ける、ということに怯《おび》えているから、「やりたいと思っていたけれどちっとも楽しめない」と、すべてが億劫でやる気がなくなって、なにもできないダメ人間になっていたんです。

▼罪悪感がすべてを罰に変える

これは子どもの頃からずっとそうでした。「ピアノをやりたい」と思っていたのに、罪悪感から「練習しなければ先生から罰せられる」という恐れになって、「練習がいやだな」とやらなくなり、「やる気がないならやめなさい！」と先生から楽譜を投げつけられて、「先生や親に申し訳ない」と罪悪感。

練習しないと先生から罰せられる…という罪悪感から、やりたいことすら楽しむことができない

勉強でも「勉強をしてみんなから尊敬されたい」と思うのに、罪悪感から「勉強しなければ親を悲しませる」と自分のせいで苦しんでいる親の姿が浮かんできて「なんだかちっとも集中できない」となって、赤点をとって実際に親を悲しませて、さらに罪悪感。

本当はやりたいことなのに、罪悪感がすべて罪深い私への罰に変えてしまうから「ちっともやる気になれない！」と投げやりになって、それを人のせいにして罪悪感。そんな連続でした。

だから「やりたいことができない」「やらなきゃいけないことに手がつけられない」と思ったら、「あ！罪悪感にまみれているんだ！」と思ってみると気分が軽くなって、「あれ？　やりたいことがやれるかも！」となるから罪悪感っておもしろいんです。

■会話が楽しめない

発言を後悔して罪悪感でいっぱいになる

近所の人が「朝早いですね！」と声をかけてくれたら、「いや、人が少ないうちに出掛けたくて」と言ってしまって罪悪感。

「え？　なんで罪悪感？」と、多分普通の人だったら不思議に思うかもしれませんが、「朝早いですね！」と声をかけられたら、「○○さんも早いですね！」と返さなければならなかったのに、「相手が別に聞きたくもないことを答えている自分はダメだ」と思うから。

罪悪感でものすごく不快な気分になって、「なんであんな余計なことを言ったんだろう？」と後悔して、「自分は言い訳ばかり言っているダメ人間だ」と罪悪感でいっぱいになるんです。

職場でもお客様に対して、「あ！　しまった！　なんで相手が気分を害することを言ってしまったんだろう？」と罪悪感で苦しみます。

「旦那様は、どんなお仕事をされているのですか？」と仕事上の質問をしたのですが、「いや、それは関係ないから答えたくありません」と言われて、ショックを受け、「ガーン！」と、罪悪感でいっぱいになる。

家に帰ってからも、「どうして、質問をする前によく相手のことを観察しなかったんだろう？」と自分を責めまくってしまいます。

▼後悔しているときは、罪悪感に苦しんでいるとき

友達と話をしているときに、「あ！　仕事のことを聞いたら気分を害するかもしれない」と聞きたいことが聞けなくて、相手の気持ちばかり考えてまったく会話が楽しめなくなります。気を使って友達としゃべっているのに、家に帰ったら「なんで、友達が仕事のことを聞いてくれ

朝早いですね！
オハヨーゴザイマス
いや、人が少ないうちに出掛けたくて
そうじゃないだろう
あ゛ーっ

たのに、素直に答えられなかったんだろう？」と友達に対して罪悪感が湧いてきて、一人反省会をすることに。
「あーあ、なんで親切な友達の気分を害するようなことを言っちゃうんだろう？」と罪悪感。「あー、なんで自分は！」と後悔をしているときは、罪悪感で苦しんでいるときなんです。この罪悪感で会話が楽しめない、そして罪悪感で一人反省会をする、というのを人と会うたびに繰り返してきました。

▼反省すればするほど罪悪感は増す

ここで興味深いのは、いくら一人反省会をしても会話がうまくならないこと。むしろ、一人反省会をすればするほど罪悪感が増してくる。そして、その罪悪感があればあるほど「会話の中で余計なことを言ってしまう」ということが起きるんです。

罪悪感があるのなら、相手に気を使うことができて、相手が気持ちよくなるような話の流れがつくれるはず、と思うでしょう。でも、あれだけ一人反省会で反省したにもかかわらず、必ずと言っていいほど違う角度で相手を不快にさせてしまい、「あーあ、もう自分は最悪だ」と思うのは罪悪感のせい。

どんなしくみになっているかというと、罪悪感をもっている自分は、罪深いダメ人間だから「人と会話を楽しむなんて許されない」ということです。要するに、罪に対しての「罰」なんですね。会話を決して楽しめない、というのが「罰」になります。

「余計なひと言を言ってしまう」というのは罪悪感がやらせる巧みな技で、「自分に罰を与えて反省を促している」ということ。でも、自分の罪悪感が「自分の犯した罪に対して罰を与えている」なんてことがわからないから、「どうして自分は会話が楽しめないんだろう?」と悩み苦しむ。その苦しみ自体が自分が抱えている「罪」に対する「罰」になっているんです。

つまり、人との会話で反省して、罪悪感をもてば「罰」が必要になるから、一人反省会で苦しみ、さらに次の会話でも「会話が楽しめない苦しみ」で自分に罰を与えていたんです。「罪を償うために自分に罰を与えているから、会話が楽しめない」というしくみになっているなんて、想像もできませんでした。

でも、罪悪感が罰を与えるために会話が楽しめなくなっているんだ、と気がついてみると「あれ？　余計なことを言わなくなった！」とも気づき、一人になってからも「あれ？　一人反省会が必要ない！」と楽しかった会話に浸れるようになるから、罪悪感は怖いんです。

「罪深い自分は会話を楽しんじゃいけない」と、自動的に自分に罰を与えるために、余計なひと言を言わせる。罪悪感に支配されていたから、これまで会話が楽しめなかったんだということに、自分でもびっくりします。

■仲間に入れない

人に迷惑がかかるから積極的になれない

子どもの頃から「はい！　みんな！　4人1組のグループになって！」と先生から言われると、「はー！　どうしよう！」とおどおどしてしまう。なぜなら、「自分がグループに入ったらみんなに迷惑をかける」という罪悪感があったからです。

なにをやるにも自分が失敗してしまって、みんなに迷惑をかける、という罪悪感がグループをつくる前からあって、「自分が入ったら迷惑をかける」と思っているから、好きな子に「グループに入れて！」と言えません。

そして、自分だけが残って「残り者は嫌われ者！」という感じになるので、今度は本当に「こいつ！　気持ち悪い！」と、どのグループからも拒否されてしまいます。

あまり者で泣きそうな私を見て困った先生が「しょうがないから○○のグループに入れてあげてくれ」と言うと、「え〜!?」と残念そうな声がグループのメンバーの口から出てくる。グループに入っても「私なんかが入って申し訳ない」と罪悪感でいっぱいで、グループ課題に積極的に取り組めません。

私が罪悪感から消極的になっているし、そんな私をグループのみんなが軽蔑しているのでチームワークが乱れてしまいます。

その結果、「あーあ、クラスで最下位のグループになった！」という感じで、私が足を引っ張ることが現実になって、「みんなに本当に申し訳ないことをした」と罪悪感でいっぱいになってしまうんです。

▼罪悪感を先取りしてしまう

子どもの頃は「みんなが仲間に入れてくれなくていじめられているから罪悪感を感じる」と思っていましたが、今、こうして振り返ってみると罪悪感があって積極的に仲間に入ろうとしないから嫌われていたことがわかります。

「自分がみんなの足を引っ張って不快な気分にさせる」という罪悪感。

まだ、実際にそうなっていないし、みんなに迷惑をかける罪を犯していないのに、「罪悪感の先取り」をして、「自分がみんなの仲間に入ったら申し訳ない」と思う。

罪悪感の先取りをして、消極的になるから「母親に甘えているようなお子様」と見られて、仲間のみんなにおんぶに抱っこを求めていた、と思われていたこともあります。

だから、私は「みんなを不快にさせてしまう罪悪感」から、「積極的にみんなに気を使う」ということもやっていました。

「みんなを不快にさせてしまう罪悪感」を背負って気を使っているので、「みんなと対等じゃない！」と、私だけ疎外感を感じるのは、今考えてみれば当たり前のことなのですが、罪悪感をぬぐい落とすことができない私は、「あーあ、やっぱりみんなから仲間外れにされた」と、みんなを不快な気分にさせた罪悪感でいっぱいに。

そして、みんなを不快にさせる罪悪感から、学校に行きたくなくなるのですが、学校に行か

なければ「ますます疎外感を感じる」ので、無理にでも行って、仲間外れになって疎外感を感じる方を選択していました。

新しいクラスになって、「お友達グループ」にいつの間にか自分が入れてもらったときにも、私は、「あー、この子たちを私は怒らせて、不快にさせてしまう」という申し訳ない気持ちになります。

え？　まだ、友達関係もなにも発展していないのに、どうしてそんな相手を怒らせて不快にさせてしまうことがわかるの？　と思うでしょう。

でも、私は、仲間に入れてもらったときに、「相手を不快にさせてしまう先取り罪悪感」が必ず浮かんできて、「ほら！　やっぱりそうなった！」となる。思った通りみんなから嫌われて、仲間外れにされるんです。

▼罪悪感があるから仲間に入れない

そんな先取り罪悪感なんて私だけがやっている、と思っていたら、「仲間に入れない疎外感を感じている人は、みんなその罪悪感を抱えていたんだ」ということを知りました。職場に行っ

疎外感を抱えている人は、たいてい「先取り罪悪感」を抱えている

ても仲間に入ることができず、みんなから嫌われて呆れられて、その場にいられなくなる、という先取り罪悪感を抱えていました。

みんな「自分が仲間に入ったら嫌われる」ということだけに注目をしていますが、その裏には、「みんなを不快な気分にさせてしまう先取り罪悪感」が隠れているんです。

その先取り罪悪感があると「仲間に入れない疎外感」となって、先取り罪悪感が現実になるんです。

私は、「仲間に入ったら、みんなを不快にさせた」という罪悪感をこれまで抱えて生きてきました。そして、「みんな私のことを恨んでいるんだろうな」と、時々フッと思い出しては、そのときの罪悪感で、申し訳なくて押しつぶされそうになります。

でも、実際に、その「申し訳ないことをした」と

いう人に会ったときに、「あれ？　私のことを恨んでいない？」とびっくりします。

むしろ仲間外れにした相手の方が、私に対して申し訳ないことをした、という罪悪感を抱えていたりするんです。私が抱えている罪悪感も先取り罪悪感も、「すべて現実」と思っていたけれど、それは違っていて、「もしかして、この私が抱えている罪悪感って幻想なのかもしれない」と疑い始めたんです。

「いや、あなたはたくさん人を不快にさせてきたし、傷つけてきたでしょ！」と思う自分もいるのですが、それは「幻想の罪悪感」と思ってみると、「あれ？　仲間に入っても大丈夫かも！」と疎外感を感じなくなります。

幻想の罪悪感が私を仲間から引き離して、そして疎外感を感じさせていた。

それは「幻想の罪悪感」と思えたときに、私のフットワークは軽くなって「仲間に入れて！」と、気軽にいろんなグループへと入っていけるようになっていました。

■満足感、充足感がない

優勝しても…頭の中は失敗や後悔ばかり

中学校の校内の合唱コンクールで、私が指揮をして優勝したときに、「あ！　みんなと同じように喜べない」という衝撃の事実に直面しました。

それまでも、自分のグループが球技大会で優勝したことがあったのに、私の中では、これまで生きてきて、なにもいいことがなかったことになっていました。優勝しても「これまでの練習でいじめっ子に泣かされて、みんなに不快な思いをさせてきた」という罪悪感しか残っていなくて、「なにもうれしくない」という自分がそこにいたんです。

▼頭の中は罪悪感でドロドロ

振り返ってみたら全部そうで、大学生のときのバレーボールのチームが校内のバレーボール部のメンバーに勝って優勝したときも、「自分なんかこの仲間に入れてもらって申し訳ない」という思いしかなくて、「満足感」や「充足感」などありませんでした。

そんなことを言ったら「あんた！　英語の成績は高校時代に赤点しかとったことがなかった

のに、アメリカの大学を卒業してきたじゃない！」となりそうです。

でも、私の中には「本当はアメリカで仕事としてなにか成し遂げたかったのに、それをしなかったことで期待してくれた両親に対しての罪悪感」がものすごくあって、「申し訳ない！」という気持ちでいっぱいで「やった～！」という満足感なんてありませんでした。

常に頭に浮かぶことは、自分が失敗してきたこと、自分が傷つけてしまった人、嫌われてしまった人のことばかり。

あー、あの人たちに本当に申し訳ない、という罪悪感しかなくて「よくやったな～！」という充足感なんてまったくないんです。

これを人に話すと、「嘘～！」と言われるのですが、私の頭の中を割って見せてあげたいと思うぐらい、私の頭の中は罪悪感でドロドロなんです。「申し訳なくて仕方がない」という思いばかりで、満足感のかけらも落ちていません。

一人になれば、自分が失敗したこと、傷つけた人たちが次から次へと浮かんできて、「罪悪感」から申し訳ない気持ちでいっぱいになる。その罪悪感を打ち消すために、さらに不快なことを思い出して、「ムカつく！」と怒ってしまう。

そんな罪悪感ときちんと向きあわない自分に対しても、罪悪感を感じるんです。

▼罪悪感という十字架を下ろしてみる

子どもの頃からの夢だった本を書いても、「読んで効果がなかった人に申し訳ない」となるから満足感や充足感がありません。

出版社の方が期待して本をつくってくださったのに、期待に応えられていない、という罪悪感から「申し訳ない」という気持ちでいっぱいに。

ですから、原稿を書き終わっても、「誰かを不快にしている」という罪悪感で充足感はない

いいことがあっても…失敗や傷つけた人のことで頭の中はいっぱい。満足感や充足感に結びつかない

し、実際に出版されても「誰かがこの本を読んで傷ついているかも」という先取り罪悪感で苦しむので「満足感がない！」となってしまいます。

この本でも、「こんなに罪悪感を抱えています」というアピールをすることで、読む人を不快にさせている自覚が私にはあって、「申し訳ない」と罪悪感を感じながらこうして書いているわけです。

あれ？　なんで私の罪悪感のことを書くとみんなが不快になるの？　と考えてみたら興味深い。パッと浮かんできたのは「自己憐憫《れんびん》で気持ち悪がられている」ということ。

自己憐憫とは「自分はなんてかわいそうなんだろう」と自分自身をあわれむ感じです。「罪悪感でこんなに私は苦しんでいる」と、自分をあわれんでいる。でも、実際は、罪悪感は常に私を襲ってきて、10年前、20年前、30年前に自分が傷つけてしまった人の顔が亡霊のように浮かんできて、そのときの罪悪感がリアルに蘇《よみがえ》ってくる。

なにか楽しいこと、満足が得られるかもしれないことを成し遂げようとすればするほど、「過去の人たち」が浮かんできて、「申し訳ない」という気持ちでいっぱいになっていて、「自分をあわれむ」という余裕がないんです。

では、なぜ自分の罪悪感が気持ち悪いのかというと、「自分がイエス・キリストのように罪を背負って死ななければならない」と思っているからなんです。

自分が宗教のカリスマのように、罪という十字架を背負って生きている。それが私の罪悪感であるのならば、「この人、勘違い人間で気持ち悪い！」とまわりの人から思われていても仕方がありません。

罪悪感という十字架を下ろしてみたら普通の人間。その普通の人間になったら、自分の特徴がなにもなくなってしまうので、「罪悪感という十字架を背負い続ける」ということをこれまでの人生でやってきたんです。

「満足感、充足感がない」と嘆いていたのですが、そろそろそんな自分に飽きたから、罪悪感の十字架を下ろしてみました。

すると、「あ！　自分には満足感、充足感がたくさん存在していた！」と、楽しい過去の記憶が不思議と蘇ってきたんです。すると、普通の人間として生きる喜びが感じられるようになってきたんです。

■先が見えず、希望がもてない

罪の意識から、いつも天罰に怯えている

今でも覚えているのですが、小学生の頃に父親の車の後ろに乗せられて、仕事に連れ回されていたときに「僕の人生設計」というのを考えていました。

当時から、算数が苦手で漢字も書けなかったので、高校受験に失敗して、そして、大学にも学力が足りず受験に失敗して通うことができず、両親をがっかりさせて、仕事は肉体労働を転々として、そして36歳で人生が終わる、という人生設計でした。

今、振り返ってみれば「夢も希望もない人生設計だな」と思うのですが、当時の自分には現実的でした。なぜなら、罪悪感でいっぱいだったからです。

▼約束を破るたびにどんどん罪悪感が膨らむ

一番の罪悪感は「母親を苦しめている罪悪感」でした。「今日こそは、母親の望むような、友達から好かれるいい子になろう！」と思うのですが、学校に行ってみるとみんなから仲間外れにされて嫌われ、そしていじめられて学校を泣きながら飛び出して帰ってきてしまう問題児。

いい子になろう…と誓っても思い通りにいかず。罪悪感がどんどん膨らむ

母親が泣きながら「なんであなたは！」と、私をビンタします。

私が「ごめんなさい！」とあやまるのは、母親をこんなに悲しませて苦しませている罪悪感があるから。「明日からはいい子になります」と、母親の前で宣言をするのですが、またその約束も破ることになって、教室でみんなの前で泣かされます。

私は泣きながら、「母親をまた悲しませる」という罪悪感で苦しみます。そして、家に帰ってきてから勉強をしなければいけないのに、性的妄想にふけってしまう。

これも「悪いこと」と思っていて、「明日からはもう性的妄想にふけらない」と思っているのに、みんなの前で泣かされて、惨《みじ》めな思いで家に帰り、親から殴られる現実から逃れるためなのか、性的妄想が

やめられませんでした。

妄想をすればするほど私の罪悪感が増していき、「もうしません」と自分で固く決心をするのですが、また同じことを繰り返してしまうから、どんどん私の罪悪感が膨らんでいき、「こんな自分の人生は、真っ暗でいいことがあるわけがない」ただ罰を待つのみ、という感じになります。罪深い私には必ず悪いことが起き、**罰が与えられる**はず、とその罰に怯える毎日でした。

ですから、雷がゴロゴロとなって、稲光が走ると「私に落ちて死ぬ」と、本気で震えて怯えていました。なぜなら、こんなに罪深い私が罰を受けないわけがない、と思っていたから。

▼最悪な人生しか想像できない

外に出れば必ずいやな人から絡まれて、それまでのウキウキしていた気持ちがぶち壊されてどん底に落とされる、といつも怯えていました。そして、実際にそのようなことが起きるから、「あー、やっぱり私が思っていた通り、罪深い私の人生は真っ暗だ」と嘆き、「夢も希望もない」となっていました。

両親を悲しませて、性的妄想にふけって、さらに家が貧乏なのに駄菓子屋でむだ遣いをする罪深い私は必ず天から罰が与えられる、と怯えているから「夢や希望」をもってはいけないいんです。

夢や希望をもったら、罪深い私は必ず罰が与えられて、それがぶち壊されてしまう。だから、罪悪感でいっぱいの私は、夢や希望をもたないで「最悪を想像」してしまうんです。

地獄のような最悪な人生しか想像できないので、地獄の現実から逃れるために、性的な妄想がやめられなくなり、それをしてしまうことが罪悪感につながっていくという、悪循環になっていたんです。

こんな罪深い人間は、すべてを失って野垂れ死ぬか、警察に捕まって一生刑務所生活を送る

か、という想像しかできません。夢も希望ももてないので、「全然前向きな努力ができない」となっていたんです。

▼罪悪感を下ろすと希望の光が見えてくる

努力ができないこと自体も、「産んでくれた母親に申し訳ない」と、罪悪感の餌食になっていました。努力もしないで、貧乏な親のスネをかじって浪費をして、現実の世界から逃れるために性的な妄想にふける極悪人だから、必ず罰を与えられる、と怯えて生きていた。

ですから、人生に夢も希望も見出せない人って、「あ！　私と同じ罪悪感を抱えている人」ということがよくわかるようになりました。

自分のためになにも努力できなかった、という人は罪悪感の塊《かたまり》で、「あ！　私と一緒！」となぜかうれしくなるのは、「もうその罪悪感を抱えていなくていいよ！」と思えるから。

自分一人で罪悪感を背負っていたときは、「一生このまま罪悪感を背負っていかなければ」と思っていたけれど、仲間がたくさんいることに気がついたときに「その罪悪感は下ろしていいよ！」と、許してあげられる。すると、一筋の光が見えてきます。罪悪感を下ろしてみたら「苦しまなくて、ラクに生きていい！」と希望が見えてきました。

ラクに生きていい！　と思えるようになったら、「努力をなにもしない」と思っていたけど、罪悪感でいっぱいのときと違って「あれ？　自分のためにコツコツと積み重ねていくことが楽しい！」と、希望がどんどん近づいてくる。「もう、努力なんてするのはいや！」と思っていたのは、罪悪感という暗闇で夢や希望の光が見えなかったからなんです。

罪悪感をちょっと下ろしてみると、そこから一筋の光が見えてくる。そして、そこに向かってどんどん突き進んでいける気力が湧いてくるのは、そこに希望があるからです。

■生きている価値がないと思う

人に迷惑をかけてばかり。生きているのが苦しい

子どもの頃からずっと、自分は生きているだけで、人に迷惑をかけるし失望させるから、生きている価値がないと思っていました。

大学生の頃に「あなたの夢は？」と、教授から質問をされたときに、「発展途上国に行って、そこで朽ち果てて肥やしになることです」と答えていました。

普通の人が聞いたら「ティーンエイジャーが格好つけているな！」と思うでしょう。シュールな感じで。でも、本当は、罪悪感がいっぱいで生きているのが苦しい！　となっていただけ。

だから、早くこの罪悪感から解放されたかったんです。

▼生きていること自体がマイナス

生きていれば、どんどん人を苦しめて、人を失望させるだけで、罪悪感が増えていく。私が生きていること自体がみんなの迷惑で申し訳ない、と本気で思っていました。

こんな罪深い私は、なにをやっても「罪に対する罰」で失敗して苦しめられる。だから、私

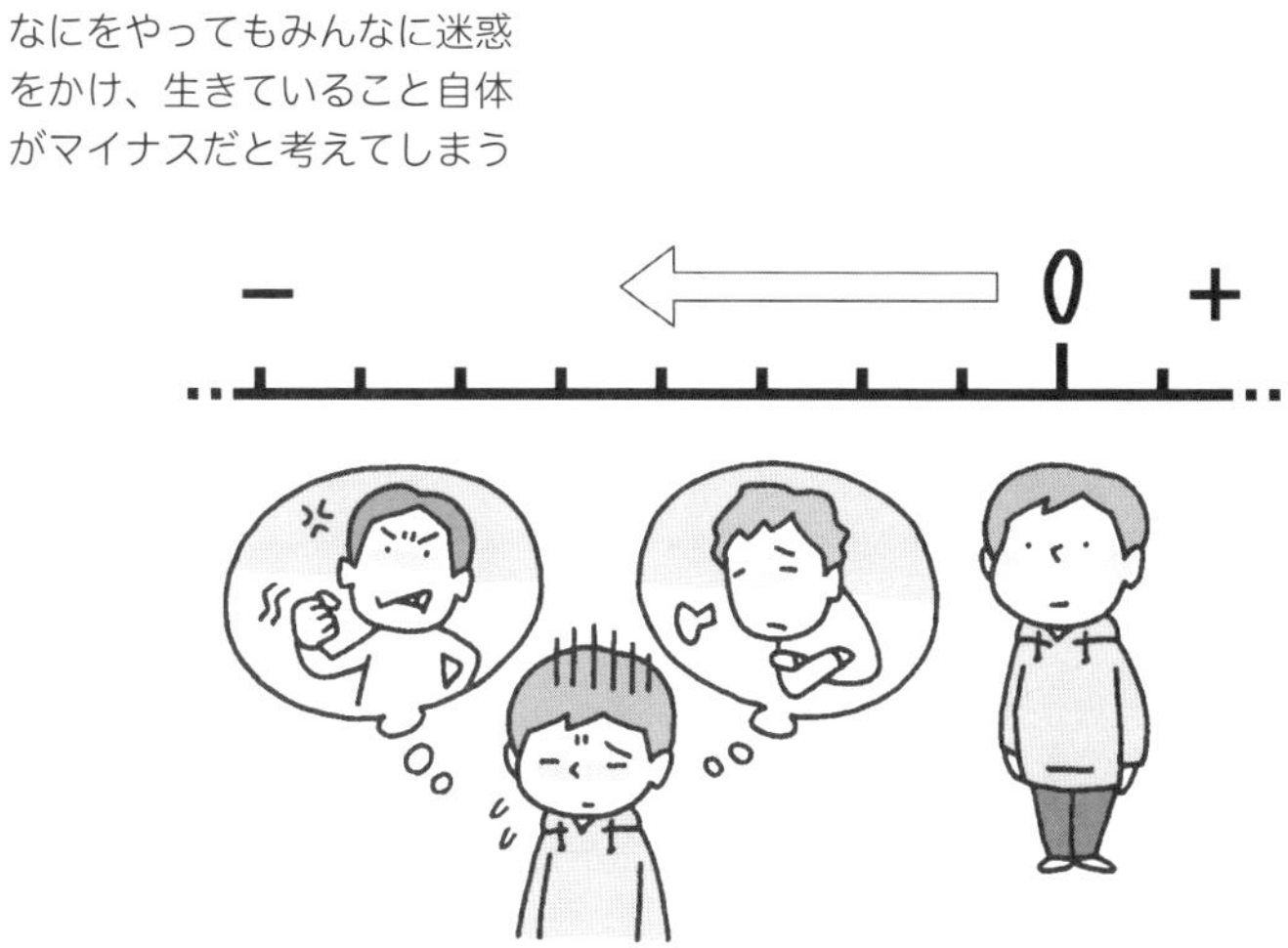
なにをやってもみんなに迷惑
をかけ、生きていること自体
がマイナスだと考えてしまう
−
0
+

の近くにいる人も一緒に迷惑を被るだろうから、そのことでも先取りの罪悪感が湧いてくるんです。自分が生きていたらマイナスなので、死ぬことでしか価値が見出せません。

罪悪感でいっぱいな私が生きていたら「罪に対する罰」でマイナス人生なので、死ぬことでゼロにするしかない、と思っていたんです。

そんなに罪悪感、罪悪感というのであれば、悲しませた父親や母親に償う努力をすればいいじゃない、と言われます。でも、罪深い私が、父親や母親のためになにかやろうとしても、失敗して失望させるだけでしょう。

実際に自慢できるような友達もいない、実績もない、なにも成し遂げられないでこれまでの人生を生きてきました。これから先も、罪悪感でいっぱいの私は、必ず人を傷つけるだろうし、失望させる自信があったんです。

私が努力すればするほど人に迷惑をかけるのですから、なにもしないで、このまま朽ち果てる方が人のためになる、と信じていました。

人は私の努力をどのように見るかわかりませんが、常に失敗の連続だから、私にはやる前からすべて結果がわかります。期待してくれていた親を裏切って、人を傷つけ、そして、性的妄想にふけって、するべき努力をしないで、時間とお金をこれまでむだにし続けてきました。

こんな罪深い私は、誰から見ても「罪人（ダメな人）」と見破られて、すぐに切り捨てられてしまうでしょう。そんな自分を切り捨てた人をきっと私は恨むでしょう。でも、その人を恨んでいることに対しても、罪悪感を感じてしまうんです。

自分自身の罪悪感のせいですべてがうまくいかないのに、それを人のせいにして怒っている自分がいる。子どもの頃は性的妄想で現実から逃避し、大人になったら、「人に対する恨み」で自分の罪悪感から目をそらして現実から逃避している自分がここにいました。親に対する怒り、いじめっ子たちに対する恨み。そして、私を陥れてグループから締め出した人たちに対する憎しみが、頭の中でぐるぐるしていて、自分の心は恨みと怒りと憎しみで汚れきっているという罪悪感が私の中にあって、こんな私は生きる価値がない、と思ってしまうんです。

▼怒りや憎しみの裏には罪悪感がある

そんなときに「あれ？　私って怒っている相手に罪悪感を感じていたんだ！」ということに気がつきます。両親に対しても、私を攻撃してきた人たちに対しても、「失望させて傷つけてしまった」という罪悪感を感じていました。

私は攻撃されて怒っている、と思っていたけど、本当は「失望させた罪悪感で苦しいから怒って、その苦しみから逃れようとしている」ということに気がついたら、「あれ？　怒って憎んでいる相手に罪悪感？」と自分の頭の中にクエッションマークがいくつも出てきます。

振り返ってみると、確かに、私がいつまでも怒ったり、憎んだりしている相手に対しては、「私が相手を失望させた罪悪感」が隠れていました。

どんなときでも、期待されて、それに答えられなかった罪悪感が私の怒りの裏側に隠れていて、それがいつまでも私の怒りの炎を消すことがないので、「怒り

大人になると、罪悪感から逃れるために、相手に怒りの感情をもつ

にまみれた醜い人」という自分がいて、こんな醜い存在が生きているだけでも申し訳ない、と罪悪感で苦しむ悪循環でした。

怒っている相手に罪悪感を感じている、ということを発見したら「この罪悪感って必要ないじゃない！」となるのは、「申し訳ない」という気持ちと「怒り」で**プラスマイナスゼロ**になるから。

罪悪感と怒りが互いを打ち消しあって、なにもなくなったときに、「生きる価値がないって、なに？」と、それまで信じていたことが覆されます。価値なんてどうでもいいじゃない！　私が自分のために楽しく生きられれば、と罪悪感から解放された世界が見えてくるんです。

罪悪感が地獄の人生をつくり出していて、夢も希望もなく生きている感覚すら奪っていました。罪悪感が怒りで打ち消されてみると、「天国」とまではいかないけど、普通の人が自由にのびのびと生活している楽しさが少しはわかるようになってきて、「これから先も元気に楽しく生きてみたい！」という気持ちが湧いてきたんです。

そんなときに、「あ！　罪悪感が地獄の人生をつくり出していたから、生きていたくなかったんだ！」ということがわかるようになってきたんです。

第2章

自分を責めてしまう心のしくみ

いい子を演じてしまう…心の中は罪悪感でいっぱい

いい子になれない…
私は悪い子なんだ…
あーあ、みなみちゃん泣いちゃった～
せんせー
そんなふうに言わないの！そこに入れてあげて
みんな迷惑そうな顔してる…そうだよね私なんか…
……
でもお母さんに知られたら…泣いたことは内緒にしよう
仲間外れの悪い子だと思われたくないもん…

大人になっても
いい人を演じてしまう…
いらっしゃいー
ああ、みなみちゃん
元気そうね
はい。これ、京都のお土産です。よかったらどうぞ
ありがとう
京都だったら、○○庵の和菓子がよかったなあー
気が利かなくてすみません。今度、買ってきますね
おじさんをがっかりさせちゃった
私ってダメだな…
でも…クレームつけるのもおかしくない？

そーだ！みなみちゃん
今度うちの孫の勉強みてやってくれない？
ええ…いいですよ。ともきくん、小学生ですよね
割り算が苦手なんだよ
ほら、うちの家族みんな忙しいから、勉強みてやれないんだよ
ハハハ…
ピクピク
そうですよねー
私も忙しいんですけど！
割り算ぐらい誰でも教えられるでしょ！
心の中
ググググ
心の中
でも…表でいい顔して心の中で怒ってる
やだもうっ
私って偽善者だよね…罪悪感

■いい子を義務づけられた

自分は悪い子だから罰を受けた

テレビドラマでクリスマスに「いい子にしていたらサンタさんがプレゼントをもってきてくれますよ！」というセリフがありました。私のうちは厳しいキリスト教だったので「サンタさんなんていません！」と幼い頃から教えられていたし、父親の会社がいつも倒産寸前だったから、「プレゼントなんてほしがってはいけない」とわかっていました。

でも、幼い私の中では、「私がいい子じゃないから、ほかの子と同じようにクリスマスプレゼントがもらえない」と思っていました。

親から怒られない日はないし、怒られるとすぐ泣く弱虫だし、友達からも仲間外れにされる。こんなふうに自分が悪い子だから、プレゼントはもらえないし、悪い子だから罰を受けて親から叱られる、と思っていたんです。

「いい子」という基準で見ると、私は必ず「いい子になれない悪い子」でした。

そして、悪い子になればなるほど「罪悪感」で苦しむことになり、「いい子にならなきゃ！」と私は一生懸命に努力をしていました。でも「いい子にならなきゃ」と「いい子」を意識すればするほど、「自分はなんて悪い子なんだ」と罪悪感が増していきます。なぜなら「いい子」を意識すればするほど「いい子にできない自分」に注目が向いてしまうからです。

▼いい子を意識するほど苦しくなる

「いい子」は、親の言うことを素直に聞いて実行できる子です。

親から「夕食の食器を出して！」と言われて、「はーい！」と、いい子を意識している私は元気よく返事をします。そして、テレビが気になりながら、茶碗を食器棚から取り出していると「パリーン！」と落として割ってしまいます。

そこで「なんであんたは言ったことがちゃんとできないの！」と母親から怒鳴りつけられて「ごめんなさ～い！」と涙が溢れます。なんで泣くのかというと「いい子」になれなかった私は「悪い子」で罪悪感を感じているからなんです。

「いい子になれない…悪い子」という罪悪感にとらわれる

親は多分「この子は泣いて責任逃れをしている！」と思っていたのですが、私は「母親が大切にしていたお茶碗を割ってしまった罪悪感」でものすごく悲しくて泣いていました。ところが、母親から「泣いて責任逃れをする悪い子！」と判断されて、「なんでそんなに泣くの！」と引っ叩かれて「悪い子確定！」となる。「やっぱり自分は意気地なしでダメな子なんだ！」という罪悪感で布団に入っても一人でしくしく泣いていました。

ダメな子になった罪悪感で泣き続けて、いつの間にか眠ってしまう。「いい子」を意識している私はこんな毎日でした。

▼親にバレたらと思うと罪悪感でいっぱいになる

学校では「誰とでも仲良くできるいい子」を意識しますが、「みんなからバカにされて仲間外れにされる悪い子」になっていました。

こんな私を母親が知ったら大変なことになる、というものすごい罪悪感で、学校でいじめられていることを親に話すことができませんでした。

いじめられていることが親に知られたら、母親がショックで死んでしまうかもしれない、というのは「私が悪い子だから罰を受ける恐怖」ですね。だから、いじめられることがものすごく苦痛でしたが、毎日学校には行かなければなりませんでした。毎日泣かされて帰ってきて、泣いたことを知られないようにしてもバレて、「また、外で泣いてきたの！　恥ずかしい！」と母親から怒られる。それでどんどん罪悪感が倍増していきます。

「いい子」だったら漢字の書き取りや勉強ができるはず、と思って勉強に取り組もうとするけれど、「いじめられた悔しさと、親に対する罪悪感」が机に座ると襲ってきます。

罪悪感でいっぱいで、自分が生きていてはいけないような感じになり、いてもたってもいられなくて、その罪悪感から逃れるために性的妄想にふける。

「いい子」だったら性的妄想なんかにふけらない。それが「罪」だとわかっているのにそれがやめられません。

こんなことをしている自分を親に知られたら大変なことになる、という罪悪感がどんどん増えて、そこから逃れるために、ぼーっとテレビを見て時間をむだにしたり、性的妄想にふけったりして、「まったく勉強をしていなかった！」となり、漢字の書き取りテストでは「全問不正解」で先生から怒られて、「ちゃんと勉強をしない悪い子」と見られて罪悪感。そんなふうに先生に見られていることを親に知られたら、とさらに罪悪感が増していき、「罪悪感で押しつぶされる！」と怯えてしまいます。

大人になって「いい人」を演じてしまうのは、「いい子」の名残なのかもしれません。「いい人」は人に親切にしなければならない、と思ってしまいます。そして、人に対して親切にすればするほど、「相手の要求がどんどん上がっていく！」となり、「なんで自分ばかりこんな目にあわされなきゃいけないんだ！」と、親切にしても感謝もしない相手に怒りが湧いてきます。

相手に対する怒りをもつことにも「罪悪感」を感じてしまいます。「いい人」のはずなのに、心の中で怒っている偽善者である、という罪悪感。

勝手に「いい人」になりたくて、親切にしていて、相手が調子に乗っただけで、私の責任なのに相手を責めている心が汚い私、という罪悪感で苦しみます。

罪悪感があるから「いい人」を演じ続けていると、相手はさらに調子に乗って要求をどんどんしてきて、クレームまでひどくなってきます。そして、私は怒りを爆発させて、「相手を傷つけてしまった！　どうしよう！」と罪悪感で苦しくなり眠れなくなります。

「いい子」や「いい人」を意識すればするほど、どんどん罪悪感が増えていき、さらに「いい子」を演じなければならなくなる、という悪循環に陥るんです。

■親の苦しみに対する罪悪感

貧乏や親の苦労はすべて自分のせい

姑からいびられるなど、母親が苦しんでいるのを見ると、子どもは自分のせいだと思うものです。子どもは親が苦しんでいるのを見て、「自分が悪い子だから親が苦しんでいる」と罪悪感をもってしまいます。

▼自分が生まれたせいでお金がない

子どもの頃は、父親の会社が倒産寸前だから家が貧乏という事情などわかりません。「自分が生まれてしまって、食事のお金や洋服のお金がかかるから家が貧乏なんだ」と思って、「私のせいで両親に申し訳ない」と罪悪感を感じていました。

ほかの家の子たちはあんなにいい洋服を着ているのに貧乏じゃない、と思いましたが、「自分がむだ遣いを親にさせるから家が貧乏なんだ」と罪悪感で苦しみました。

実際に母親から「あんたのせいでお金がない」としょっちゅう言われていたから、というのもあります。

「どうしてあんたは家にお金がないのにむだ遣いをするの！」と、お小遣いを持って駄菓子屋に行っても怒られていました。だから家が貧乏なんだ、と思うのは頭の悪い子どものようですが、幼い頃から「私が悪いから親が苦しんでいる」と思っていると、疑うことができなくてすべて罪悪感になってしまいます。

これは大人になってから聞かされたことですが、都会でマンション暮らしをしていた姑は、2時間かけて私たちの貧乏借家に突然やってきて、玄関を開けると、玄関の引き戸の桟のホコリを人差し指でなぞり、呆然と玄関で立っている母親の顔の前で、「フッ」とその指先についたホコリを吹きつけ、玄関を閉めてなにも言わずに帰ったそうです。

母親はショックで「わー！」と泣き崩れます。

ここから私の記憶があります。「大丈夫？」と母親を慰《なぐさ》めるつもりで声をかけると、「大丈夫じゃない！　放っておいて！　あんたのせいよ！」と怒鳴りつけられました。

私はそこで、「ああ、私がおばあちゃんにおもちゃをおねだりしたから、母親が怒られたんだ」と罪悪感をもちます。

多分、母親が姑からされたことを父親に訴えても、父親の会社は経営的にものすごく大変なことになっていたので、姑に対する怒りを聞いてもらえなかったのでしょう。母親は、体の調

母親が苦しんでいるのは、自分のせい。「悪い子だから…」と思っていた

子が悪くなって寝込んでいました。
母親は、私の前に長男を死産しているのですが、これもどうやら「姑からのいじめ」が原因となっていた可能性が。でも、そんなことは子どもだった私は知らないので、「私が悪い子だから母親は寝込んだ」と罪悪感で苦しむわけです。

▼母親の目ばかり気にして嘘をつく

こんなとき「罪悪感で苦しむのだったらもっといい子になってるはずでしょ！」、と多分、親から言われると思いますが、先ほど書いたように「いい子」になろうとすればするほど罪悪感が増すというしくみがあるので、まずは罪悪感から逃れることしか考えられなくなります。

すると勉強もお手伝いもまともにできなくなり、

ぼーっとすることが多くなる。ぼーっとして、白昼夢にふけること自体にも罪悪感。

そして、**母親の目**をものすごく気にして、「母親が見ているときにはいい子にしなきゃ」といい子を演じるのですが、その理由が、不機嫌な母親から怒られると怖い、というのならまだましでした。母親に自分のダメなところを見られたら、母親がますます調子が悪くなって寝たきりになって悲しむ、という罪悪感がものすごくつらかったんです。

母親が見ているときは、勉強をしているフリや本を読んでいるフリをするのですが、それは「自分が母親を苦しめた」という罪悪感からやっているので、全然集中することができません。だから、次は「自分は母親に嘘をついている」という罪悪感が襲ってきます。勉強をするフリをしているだけで、母親をだましているダメな私、となります。

実際にテストの点数は赤点だらけなので、「これを見せたら母親を苦しませる」と思うので、カバンの底に隠す。そして「母親にテストの点数を隠している罪悪感」を感じながら外に遊びに行ってしまいます。帰ってきて、母親が調子悪そうに寝ていると、「もしかしてテストの点数を見られたのかもしれない」とドキドキする。こんな**嘘つき**の私は地獄に落ちる、と罪悪感で毎日のように怯えていたんです。

父親が一度、盲腸をこじらせて入院したことがありました。

「なんでお父さんは入院したの？」と母親に聞いたときに「あんたがいい子にしていなかったから」と言われたような気がしていました。

自分がいい子にしていなかったから父親が入院した、と今考えれば、矛盾していると思うのですが、母親の調子が悪いのは確実に私のせい、と思っていたから、その影響を受けて父親が大変な病気になって入院した、と私は罪悪感を感じて真っ青になりました。

もうひとつは、自分が普段から嘘つきで勉強もしていないのに「勉強している」と言っているから、天罰が下って父親が病気になった、という罪悪感。悩み苦しみ「いい子になりますからなんとか父親を救ってください」と泣きながら神に祈っていました。

でも、いい子になろうと努力すればするほど、失敗して「いい子じゃない」ということが証明されるので、私の中の罪悪感が増して「親が苦しんでいるのは私のせい」と生きているのがつらくなっていました。

■宗教的なバックグラウンド

神からも愛されない。ダメな自分に苦しむ

日本人の場合「自分は宗教に入っていません！」というのが普通です。でも、宗教に入っていない、と言いながらも「親は子どもを愛するもの」と信じていたり「男女間の愛」を求めていたりするので、ほとんどの人は、知らないうちに宗教の影響を受けていることになります。この「愛」を語っているのがキリスト教です。

▼「愛」を裏切ることが許されない社会

本来、日本は「儒教的な精神」の歴史があります。「ご先祖様が守ってくれる」の「ご先祖様」が神様的な感じで「ご先祖様に申し訳ない！」と失敗したときに罪悪感をもっていました。戦時中に「天皇陛下が神様です」という教育を受けた人たちが、敗戦後に宗教に対する不信感をもつようになり「私は宗教に入ってません」という人が増えましたが、「親の愛」とか「男女間の愛」ということを、知らないうちに信じるようになっているのは、キリスト教の影響をものすごく受けているからです。

キリスト教の精神は「互いに愛しあいなさい」です。親を愛し、パートナーを愛し、子どもを愛するべきである、という精神は実は宗教からの影響が大きいんです。

芸能人が不倫をしたら「テレビに出すな！」とネットで炎上するのは「愛」が影響していまず。「愛を裏切った！」と炎上させることで「罪悪感」を与えて、メディアの前で「すみませんでした」と深々と頭を下げさせる。そうやって炎上させる人は「私は、無宗教です」と言っているのに、失敗をした相手に「罪悪感」を与えたくなるのは、知らないうちに宗教の影響を受けているからです。

親や先祖、パートナーへの愛は絶対。裏切り行為は罪悪感をかき立てる

▼罪悪感の苦しみが地獄へ落ちる恐怖に

私は、キリスト教の家庭で育ったので、この「愛」からくる罪悪感をものすごく感じていました。

多分、幼かった私の解釈がおかしいから、そうなったのかもしれませんが「神から愛されないような子どもは地獄に落ちる」と思っていて、少しでも失敗するたびに「こんな私は神から愛されない」と思い、罪悪感で「なんて自分はダメなんだ！」と苦しむわけです。

今考えてみれば「あれ？　失敗したから神から愛されない！　と思っていたけど、どうやって神の気持ちがわかるの？」と、この考えがおかしいことに気づきます。「神から愛されない」と思っていたけれど、「失敗した私は親から愛されない」という「親」がいつの間にか「神」にすり替えられていました。

勉強しないでひどい成績をとってしまうことも「怠惰の罪」と罪悪感で苦しみます。

キリスト教的には、罪人は死後に永遠に業火で焼かれ続ける地獄が待っているのですから、「ヒエ〜！」と罪悪感で苦しみ恐怖で怯えて、「ちゃんと勉強をします！」と反省をするのですが、テレビを見てしまって「あ〜！　また自分は怠惰の罪を犯した」と罪悪感に苛《さいな》まれる。こ

「怠惰な罪」をもつ自分は、地獄へ落ちるとさえ思っていた

んなことの繰り返しでした。

▼人を憎むことですら罪になる

人に対して怒ったら罪悪感を感じるのは、「あなたの敵を愛せよ」と宗教では教えられるから。「人を憎んだら罪！」なので、いじめっ子にいじめられるたびに「あ〜、私はいじめっ子を憎んでしまって罪を犯している」と罪悪感。

「人のものをほしがったら罪」というのもあって、「あの子がもっているミニカーうらやましいな」と思っただけで「なんて自分はダメな人間なんだ」と罪悪感で苦しんでいました。

嘘をつくことも罪ですから「あんた！　お小遣いをむだ遣いしたでしょ！」と問い詰められたときに、「そんなことをしていないよ！」と〝嘘をついた〟こ

とに罪悪感。「むだ遣いってどういうこと?」と、今だったら疑問に思うのですが、親の基準からは、駄菓子屋で駄菓子を買って食べたとかゲームセンターでゲームをしたということがむだ遣い。それがものすごい罪で「地獄に落ちる」と私は怯えていました。

宗教的に厳しかったので、私は「こんな私が今死んだら永遠に地獄だ」と怯えて、夜も眠れなくなります。そして、朝起きたときにだるくてなにもやる気にならないと、「怠惰の罪」が襲ってきて、私を地獄に突き落とします。

その罪悪感から逃れるために、「性的妄想」にふけっていやらしいことを考えてしまうと、「性的妄想の罪悪感」で地獄に叩き落とされます。そこから絶対に這い上がれない気分になるんです。

友達が自分よりも大きなケーキを母親からもらって、「うらやましいな」と思うだけでも罪悪感。大人になってからは、自分が失望させた相手が次から次へと浮かんできて、「申し訳ないことをしてしまった」と、毎晩のように心の中で懺悔《ざんげ》をしながら罪悪感でいっぱいになります。「なんで、自分は相手の期待に応えられなかったんだろう」と、罪悪感から自分へのダメ出しが止まらなくなっていくんです。

厳しいキリスト教の家庭で育ったから、私はこんなに罪悪感で苦しんでいて、自分のことをこれまで「地獄に落ちる」「恐怖で生きた心地がしない」となっているかわいそうな人、と思っていました。でも、たくさんの人の話を聞いていて、「あれ？　宗教のバックグラウンドがないのに私と同じ罪悪感で苦しんでいる」のでびっくり。

唯一違うのは「このまま死んだら地獄に落ちる」だけでした。

みんなの話を聞いていると、私が「地獄」と思っていた世界を体験していて、まさに罪悪感で「生き地獄」を味わっていて、「あ！　私と一緒だ！」と、自分が特別でなかったことがわかります。

みんな、いつの間にか知らないうちに宗教の影響を受けていて罪悪感で苦しんでいたんだ、と私と同じ罪悪感で苦しんでいる人がたくさんいて驚きました。そして、その罪悪感が「愛」とつながっていることがだんだん見えてきたんです。

■親や人の愛が感じられない

なぜ愛されない？　不安が悪循環を引き起こす

「愛」という概念はキリスト教から入ってきています。日本語では「愛」はひとつしかありませんが、ギリシャ語では4種類の愛があります。

▼愛の混乱が罪悪感を生み出す

ストルゲーは「家族愛」で、親の子孫に対する愛や、子の親に対する愛のような、自然ないし本能的な愛情を示します。

エロスは「男女間の愛」で、キリスト教では性愛で、私が学校で習ったのは「ギブアンドテイクの愛」です。ギブアンドテイクとは「優しくされたら、優しくしてあげる」ですね。

そしてフィリアは、「友人間の愛」で友愛です。お酒を一緒に飲んで楽しむのも友愛で、相手の性格をお互いに楽しむのも友愛です。

そして、問題のアガペーが「神の愛」なんです。神の愛とは「無条件の愛」と学校では習いました。無条件の愛は「どんな私でも愛される」という愛。それがアガペーなんです。

日本語では、これらの4つの愛が「愛」という言葉ひとつにまとめられていて、ごちゃごちゃになっています。だから「親は子どもをアガペーするもの」となっていたりして、混乱を招いています。

親の愛は本能的な愛ですから「どんなあなたのことでも愛してますよ！」という無条件の愛とは違います。どちらかというと、親の愛は「自己犠牲愛」で「自分を犠牲にしてまで子どもを守る」という性質があるので、「無条件の愛」と勘違いしやすいんです。

親が「自分はこれだけ子どもに対して自己犠牲を払っているのに、どうして子どもはちゃんと期待に応えてくれない！」と思うのは、「子どもがギブアンドテイクをしてくれない」と思っていることになります。つまり、「子どもがエロスをしてくれない」という気持ち悪いことを求めているわけです。

男女間でも「彼はどうして私のことを愛してくれない！」という愛が「彼がアガペーしてくれない」と言っているのと同じだったりします。どんな私でも認めて受け入れてくれなきゃいや！　という感じ。本来の男女間の愛は「ギブアンドテイク」なので、混乱しているんです。

宗教のところで、「神から愛されない私は地獄に落ちる罪悪感」と書きましたが、本来「神の愛」は「無条件の愛」なので、「どんなドジで間抜けな私でも神は愛してくれる」はずです。

要するに、**愛の混乱**が起きているから「神から愛されないダメな私」と罪悪感になってしまうんです。それは親が「どんな子どもでも愛している」という無条件の愛を演じたり、世の中の風潮がそんな姿を求めていたりするから、親は「私は子どもを愛せない」ことになる。

親の子どもに対する愛は本能的なものであって、「かわいい」と思えるときもあって「憎たらしい」となるときもあり、本能的だから非常にランダムです。

それを「どんなあなたでも愛している」と神の愛を演じてしまったら「嘘」になり、子どもは「親は私のことを愛してくれていない！」と不安になり、「どうして愛してもらえないんだろう？」と自分のダメなところを探し、そこから「あ！　親の言うことを完璧に聞けないから愛してもらえない！」と罪悪感が生まれてくるんです。

▼神から許され、愛されたい

親が「神の愛」を演じることで、いつの間にか親が神になって、子どもの中で「神から愛されない」で〝罪を犯している〟ということに繋がって、罪悪感が生まれる。

私はキリスト教のバックグラウンドがあるから、「自分だけがこんな罪悪感で苦しんでいる」

親や恋人に「神の愛」を求め、「愛されないダメな自分」に罪悪感を抱く

と思っていたけれど、宗教のバックグラウンドがなくても、たくさんの人が私と同じぐらいの罪悪感の苦しみを負っていたのは、私と同じように「親が神」を演じていたからです。

神の愛は無条件の愛のはずだから、その無条件の愛の存在から愛されないって自分はどれだけダメな存在なんだ、と普通だったらなりますよね。

愛を親から感じられないのではなくて、親が「アガペー」を演じていたら「神なの？」と勘違いをするので、愛を感じられません。だって無条件の愛は人間には無理ですから。

ドラマの中や小説で「どんなあなたでも愛しているから！」というセリフは「私は神です！」と言っているのと同じです。

子どもでも恋人でも、親や恋人を「神なの？」と

無意識のうちに勘違いして、「神から愛されないダメな人」と罪悪感がどんどん増えていくことに。そして、その「愛されないダメな自分の罪悪感」を打ち消すために、さまよい歩くことになるんです。

さらに、いろいろな人の中に「神の愛」を求めて「やっぱり私は愛されない」。それで罪悪感で地獄の苦しみを味わうことになります。なぜなら、自分には神の愛が与えられず、そこに神がいないから。

自分だけ「無条件の愛」をもった神から見捨てられた感覚が「罪悪感」で、それを使ってなんとか神から許されて愛されようとします。

自分が罪悪感をもって苦しんでいれば、無条件の愛の神が自分を救ってくれるかもしれない、と希望をもつから罪悪感をもち続けるんです。

でも、親が神となっているために「人間の中に神の愛を求める」ということをしてしまう。人間の中には無条件の愛は存在しないから「やっぱり自分は神から愛されない」となって、無条件の神から愛されるために、罪悪感で自分を苦しめ続けてしまうんです。

第3章
こんな行動の裏に罪悪感が隠れてる？

■人に媚《こび》を売る

花を買って帰るのは「申し訳ない」の裏返し

ある人が「うちの旦那さんはしょっちゅう花を買ってきてくれるの！」とおっしゃっているのを聞いて、「あ、旦那さんは奥さんに対してなんらかの罪悪感を感じているからお花を買っていくんだな」と思います。

普通だったら「優しい旦那さんじゃない！」とうらやましがって終わるのですが、「罪悪感」で見てみるとおもしろい。実際にその旦那さんは、いつも仕事で遅くなって、家のことがなにもできない罪悪感でいっぱいだったから、「申し訳ない」という気持ちで花を買っていました。

▼「寿司の折詰」にも罪悪感が詰まっている

そんなふうに考えてみると、父親が飲んで帰ってくるとき、「寿司の折詰」を買って帰ってくる場面が昔のドラマでもアニメでもありました。あれも、子どもや家族のことを思って買っているのではなくて、「自分だけおいしい思いをした」という罪悪感が折詰の中にいっぱい詰まっています。

相手の機嫌をとる行動には、「申し訳ない」という気持ちが隠れている

「気を使ってあげなきゃ」とか、「相手の機嫌をとらなければ」と思うときは、その行動の裏には、「罪悪感」が隠れている可能性があるんです。

私は子どもの頃から、不機嫌な人がいると居ても立ってても居られなくて、先生が不機嫌だったりすると、「なんとかしなくっちゃ」と先生に気を使っていました。

すると、それを見ていた同級生たちは、「先生に媚を売っている！　気持ち悪い！」と囃《はや》し立てました。私は「先生に気に入られよう」とか「ご機嫌をとろう」と媚を売っていたわけではなくて、「もしかしたら、私のせいで不機嫌になっているかもしれない」という罪悪感があって、気を使わないではいられなかったからなんです。

少しでもイライラしている友達がいると、「なん

とか相手の機嫌をとらなければ」と必死になるのは、自分が相手を不機嫌にさせた罪悪感から。その瞬間は考えなしで媚を売る感じになっているのですが、私の中では罪悪感がものすごくて、居ても立ってもいられなくなってしまうんです。

▼「媚を売る」には罪悪感が透けて見える

私がある友人と一緒にコンサートに行ったときのこと。コンサートの後で友人が、つきあっていた彼女の親と対面することになっていました。そして、コンサートが終わったときに、友人に「素晴らしいコンサートでしたね！」と声をかけたのですが、「あれ？　私の話がまったく耳に入っていない！」とびっくりしました。

私の姿が友人の視界に入っていなかったんです。友人の視線は彼女の親を探していて、私の存在がまったく見えておらず「親に媚を売る態勢」に入っていたんです。友人は、離婚した経験があり、初婚の彼女とは二回り近く歳が離れているから「彼女の両親に対する罪悪感」があった。だからこそ媚を売る態勢に入っていたと考えられます。

私はそのときにびっくりしたのですが、媚を売る態勢に入った友人は心ここにあらずで、まったく私のことが眼中にありませんでした。私はそのまま帰ってしまったのですが、そのことにも気がつかないぐらい。

これは、私が不機嫌な人を見たとき、「媚を売らなきゃ」となっている状態と、もしかしたら一緒？　と振り返ってみたら確かにそうなんです。

不機嫌な相手、そして、困っている相手を見ると、「居ても立ってもいられない！」という感じで媚を売ってしまう。まわりの状況がまったく見えていないから、媚を売っているときに「なに！　あいつ！」とまわりの人を不快にさせるんです。

花や折詰を買っていったからといって相手を不快にさせることはないんじゃないの？　と思うでしょう。でも、寿司屋の折詰は値段が高いですよね。それを夜中にもって帰ったところで、「あんた！　子どもや私を太らせようとしているの！」と怒らせてしまいます。

花だって「そんな花を買ってくる余裕があるんだったら、ちょっとは家の手伝いをしろよ！」と、心の中で呟かれることになる。

なぜ、媚を売っているのに相手やまわりの人に不快感を与えてしまうのかというと、「罪悪感」が媚を売る背後に隠れているからです。

罪悪感があるから、私が媚を売るときのように「居ても立ってもいられない」感じで、まわりの人たちの目を考えないで媚を売る。罪悪感が隠れているから、媚を売っても相手からは感謝されずに不信感を抱かれることになるんです。

▼気を使っているのに不快に思われてしまう

なぜ罪悪感を感じると媚を売ってしまうの？　というと、ひとつは明らかな罪悪感から、居ても立っても居られないようになるから。パートナーから頼まれたことをやっていなかったり、いつも注意されていることを守れなかったり、相手の信頼を裏切る行為をしていたり、という罪悪感です。

もうひとつは、私のように「不機嫌な人を見ると媚を売ってしまう」という不思議な現象。本当に「媚を売らずには居ても立っても居られない！」という気持ちで、自分でもコントロールができません。そこには、**「過去の罪悪感」**が影響しているんです。

幼い頃から「母親が不機嫌なのは私が悪い子だからだ」と罪悪感に苛《さいな》まれるので、母親に媚を売ってしまう。すると、余計に怒られるので、「やっぱり私が悪いから、母親が不機嫌になっているんだ」というのが確定するんです。

それを繰り返すことで、**パブロフの犬**の「ベルを鳴らしたら、涎《よだれ》が出る」のように、「不機嫌な人」で「罪悪感」というような条件づけがなされてしまいます。

媚を売る姿は、まわりの人を不快にさせる。本人にその自覚はない
いやー今日もおしゃれですねー
そうかな…
・・・
・・・

そして、罪悪感を感じるまわりの状況を考えられずに、媚を売ってしまって、まわりや相手を不快にさせます。

自分では、罪悪感から相手に媚を売っている、ということに気がつかないから、「なんでこんなに気を使っているのにまわりから嫌われるんだろう？」と不思議に思うだけで、媚を売ることでまわりを不快にさせていることに気がつけません。気がつけないから、私は何度も同じ失敗を繰り返して、「どうしてこんなに気を使う優しい人なのに嫌われるの〜」と孤立していくんです。

この「媚を売る」ということは、自覚がもてないから厄介なんです。

でも「相手の不機嫌をなんとかしなきゃ！」と思ったら、「あ！　この背後に罪悪感があるのね！」

と、気がついてあげるだけでそれが止まったりします。

不機嫌な相手を思い浮かべて、「なんとかしてあげなきゃ」と思うときは、そこに罪悪感があります。

相手を見て「なんとかしてあげなきゃ」と自分の中で葛藤がありながらも、「居ても立っても居られない」というときも、「罪悪感からこんなふうになっているのね！」と気がついてあげると、「あれ？　媚を売らないでいられる！」と堂々としていられます。

すると、自分が感じていた罪悪感が幻想である、ということがなんとなくわかるようになってきて、コマネズミのようにまわりの人に媚を売りまくって、自分の価値を下げることがなくなるんです。

そう、一般的には、媚を売る目的は、「相手の機嫌をとったり、相手に気に入られるため」ですから、それをすることで自分の価値が上がるはずなのですが、罪悪感が背後にある場合は、「どんどん自分の価値が下がっていく！」ことになるんです。罪悪感からの媚がなくなると、どんどん自分の価値が上がっていって、「お！　本来の自分ってこんなに堂々としていられるんだ！」と驚きます。

■ふてくされる

恥ずかしさから逆の態度をとってしまう

後輩に「これやっておいてくれる？」と、仕事をお願いしたときのこと。しばらくしてから「あの仕事どうなりました？」と後輩に尋ねると、後輩は「はあ」とため息をついて、いきなりふてくされた態度をとりました。

え？　なんで？　そんなひどいことを私は頼んだかな？　と後輩のふてくされた態度を見て、私がなにか悪いことをした感じになりました。

私に対して不満があるからふてくされた態度をとったの？　それとも、私が頼んだ仕事をやりたくなかったからふてくされたの？　と聞いてみたのですが、ふてくされた態度は変わらず、「はあ」とか「ふう」などの言葉しか返ってきません。

別に後輩のことを責めているわけではないのに、なんで？　と、ここで以前の私なら後輩のふてくされた態度にイライラするのですが、「このふてくされた態度の背後には罪悪感が隠れている」とわかってしまうと、「そうなのか！」と怒りが湧かなくなります。

私は子どもの頃に、親に対してふてくされた態度をとったら「叩かれる！」という恐怖があったので、なにがあっても「ごめんなさい！」とあやまる習慣がありました。だから、社会人になって、親のような存在の上司や先輩に対しては、決してふてくされた態度をとることができませんでした。

でも、よくよく考えてみたら、小学生や中学生のときに、学校の先生から怒られたときにふてくされた態度をとったことがあるぞ！　と思い出すことができます。

みんなの前で先生から「なんで大嶋は宿題をちゃんとやってこないんだ！」と怒られたときに、私は黙って下を向いて、「チッ」と舌打ちをしたことでさらに先生を怒らせ「なんだ！　そのふてくされた態度は！」と、先生から椅子を投げられた覚えがあります。

自分の中には、「宿題をやってこなかった罪悪感」がものすごくあるのですが、「クラスの中で自分だけがダメ人間」という恥ずかしさのゲージが振り切れてしまって、「もう、どうでもいいや！」という感じで「ふてくされた態度」をとっていました。

▼ふてくされた態度が状況を悪化させる

最近では、親しい知り合いと歩いていて、私が横断歩道以外の道路を渡ろうとしていたとき「そこは横断歩道じゃないから」と言われた瞬間に、自分の顔が能面のような顔になっているこ

悪いと思っていても、恥ずかしさから投げやりになり、ふてくされてしまう

とに気づき、「あ！　ふてくされた態度になっている」とびっくりしたことがあります。

でも、自分でコントロールできないんです。交通ルールを守らなかった罪悪感で、「こんな大人になって自分だけ注意された」という恥ずかしさから、ふてくされた態度になっていて、それを止めることができず、食事をしている最中も相手に不快な態度をとっていました。

そんなことを振り返ってみると、ふてくされてしまう裏には罪悪感があって、「自分だけがみんなの前で罪をさらされて、恥をかかされる」という思いでふてくされてしまう。

「自分だけが恥ずかしい」とやけになって、反抗的な態度になるのが止まりません。

「悪いことをしちゃいました！」ときちんと認めれ

ばいいのに、「自分だけ恥ずかしい」という思いで認められない。罪悪感をさらけ出すことができなくなって、さらに状況を悪化させるんです。

どうしてふてくされると状況を悪化させるのかというと、「自分が悪い」という罪悪感があるのに「恥ずかしい」という思いから、ふてくされて投げやりになったり、反抗的になったりすることで、相手との関係を破壊してしまうからです。

本当は罪悪感があって、素直な気持ちは「許してほしい」と思っているはずなのに、「自分だけがダメ」という恥ずかしさから、「許してほしい」という気持ちの逆の態度をとってしまうことで、自分が望んではいない結果になってしまうんです。

▼裏にある恥ずかしさに気づいてあげる

ふてくされることで、自分の中の罪悪感はいつまでも消えず、そして相手との良好な関係も破壊する、という最悪な結果に至ります。

そう「自分だけがダメ」という罪悪感がふてくされた態度にさせて、その罪悪感が人間関係や様々なチャンスを破壊します。

だから、人から注意をされ、「あ！　ふてくされた態度になった！」と思ったときに、「自分の中の罪悪感ってなんだろう？」と、探ってみるとおもしろい展開になります。

注意された瞬間に、「なんで自分だけが」とふてくされますが、そのときに、「あ！　自分だけがダメだという恥ずかしさがあるんだ」と気づいてあげる。

そして、その下にある「自分だけがダメで最悪」という罪悪感を探ってみると、「なんだ！　そんなことなのか！」とふてくされる感じが消えていきます。

さらに、相手に自分の罪悪感を吐き出してみると、「おー！　自分が本当に望んでいるものが手に入った！」となるから罪悪感っておもしろいんです。

▼罪悪感を認めることで状況が好転する

ある女性は、職場で同僚から、「どうしてちゃんと毎日リモートワークの日報を書かないの？」と注意されたときに、ふてくされた態度をとってしまいました。そのときに、「あ！　自分だけが！」と思っているんだ、と罪悪感のパターンを探っていきます。

「自分だけが注意されている」と思っている、と女性は自分のふてくされた態度を分析していきます。次に「自分だけがみんなと同じようにできていないと思われている」というのが出てきます。さらに、「みんなは真面目に仕事をやっているのに、自分だけが家で仕事をさぼっている」という罪悪感がありました。

そして、「自分だけがダメで恥ずかしい」ということからふてくされてしまった、というのがわかってくるんです。

そこで同僚に、「リモートワークで仕事をさぼっている気持ちになって、罪悪感から日報をかけなくなっていた」と、罪悪感を吐き出してみました。

すると、同僚も「え！　私も家で仕事をしているとさぼっている感じになって、申し訳ない気持ちになることがある」と言うので、女性は「あ！　自分だけじゃなかった！」と罪悪感が打ち消されていきました。

ふてくされたときに、女性は隠れている罪悪感を追いかけて、捕まえることで、「あ！　同僚との信頼関係が増した！」という実感を手に入れられました。

ふてくされたままだったら、同僚との関係は、険悪な感じになってしまっていたかもしれませんが、「そこに隠れている罪悪感」を探すことで、本当に求めていることを手に入れられるんです。

■相手を責めたくなる

罪悪感から目をそらすために相手を責める

病院で働いていたときに、朝のミーティングの後に、上司である医師が「よっ！」と、椅子から軽快に立ち上がったんです。私は、立ち上がるのが億劫《おっくう》だったので、それを見て「先生！お若いですね！」と声をかけました。すると、上司の顔が突然曇って、「おい！　君！　それは失礼じゃないか！」と責められました。

「なんで私は君からそんなことを言われなきゃならないんだ！」とさらに責められて、私は涙目になります。「あー、上司に対して申し訳ないことを言った」と罪悪感でいっぱいになり、自分の発言を何度も頭の中で繰り返して反省をしていました。

だいぶ後になってわかったことですが、その朝に上司は、息子さんと取っ組みあいの喧嘩をしてしまい、「息子に対して申し訳ないことをした」と罪悪感を抱えていらした。

私はもともと罪悪感の人なので、「自分が上司に対して申し訳ないことを言った」と罪悪感を感じていたから、「理不尽なことで怒られた」とはまったく思っていなかったんですが、「上司の息子に対する罪悪感」を聞いて、「なるほど！」と納得したんです。そこから「誰かを責めたくなるときは、自分に罪悪感があるんだ」と気がついて、自分自身が相手を責めたくなったときのことを振り返ってみると、すごいことが見えてきたんです。

最近、ファストフード店に行って「フライドチキンをください」と注文をしたら、店長のような人が出てきて「先ほどのお客さんで売り切れてしまって30分お時間をいただくことになるんですが」と言われたときに、「なんで15分も列に並んで待っていたのに、ここでさらに30分も待たなきゃいけないの！」と店長さんをものすごく責めたくなったことがありました。

その責めたくなったときのことを思い出して「罪悪感」を考えてみると、自分では認めたくなかったけれど、「あ！　店長さんのことを馬鹿にしている罪悪感が自分の中にあったから、店長さんを責めたくなったんだ！」と気がつきます。

私は「人を馬鹿にする」ことに対して、罪悪感がものすごく強く湧きます。それを自分で見ないように、そして相手に知られないように、相手を責めていた、と気がつきました。

▼「太りました？」にカチン。ここにも罪悪感が

ある人から「ちょっと太られました？」と言われたとき、「カチン！」ときて、「なんで、あなたにそんなことを言われなきゃいけないの！」そして、「どうして人が気分を害するようなこ

「コントロールができていない」という罪悪感から過剰に反応してしまう

とをズケズケと言ってくるの！」と責めたくなりました。

その相手を責めたくなる気持ちの裏に、最近「ちゃんと運動をしていない！」という罪悪感が隠れていたんです。

昼食に「ご飯の大盛りを頂戴！」と、食事のコントロールができていない罪悪感もあって、「だから、あんなにキレるほど相手を責めたくなったんだ！」とわかってスッキリしました。

ちょっと不思議だったのが、相手を責めると、ずっと「あの店長ムカつく！」とか「あの人常識がない」と頭の中で責めたくなる気持ちが消えないのですが、こんなふうに「相手を責めたくなる裏に隠れている自分の罪悪感」を見つけたら、「あれ？　スッキリした！」と責めたくなる気持ちが消えていくことです。

▼罪悪感と向きあうことで苦しみから解放される

いやな人のことがいつまでも頭の中から消えずに忘れられないのは、「罪悪感」が消えないから？　と考えたらますますおもしろくなってきます。

「今でも、ムカつく人」と思い出してみたら、中学生の頃の知り合いが出てきて「思い出すとイライラする！」となります。

こんなにイライラするのだったら罪悪感などないだろう、と思って「罪悪感」で探ってみたら、「あ！　私のせいであの人が人生を踏み外したかもしれない、という罪悪感があった！」が出てきてショックを受けました。

私と喧嘩をして、そして、その人は部活を辞めて、不良っぽくふるまうようになりました。そんな相手を思い出すたびに、「ムカつく！」と責めたくなっていたけど、「あ！　自分の中に罪悪感が隠れていたから責めたくなっていたんだ」とわかってスッキリして、それから思い出さなくなりました。繰り返しその人が夢に登場していたのですが、その人への罪悪感に気がついて以来、夢にも出てこなくなるから罪悪感って興味深いんです。

よくよく考えてみたら、相手を責めても「過去と相手は変えられない」という常識があるのはわかっているから、責めてもむだ。でも、頭の中でいつまでもグチグチと責めたくなるのは、「罪悪感」が処理されずにそこに隠れているからです。

私はどうして相手を責めて罪悪感を隠そうとするのだろう？　と考えてみると、罪悪感を感じている部分って他人に知られたくないから、相手を責めて自分が抱えている罪悪感を相手に知られないようにするのかもしれません。

でも、相手を責めている瞬間は、私自身は「自分の抱えている罪悪感」の自覚が一切ありま

フンッ
あの子を
思い出すと
ムカつく！
ヒョコ
罪悪感

相手を責めることで、自分の抱える罪悪感を隠そうとしている

せん。だから相手に知られたくない、というよりも、自分が抱えている罪悪感と向きあいたくないんです。

自分が罪悪感と向きあうと、「自分が崩壊する」という恐怖があります。だから、必死に相手を責めて、自分自身を崩壊させないように守っているんです。

罪悪感と向きあうことで、どんな自分が崩壊することを恐れているの？　と自分の中で問いかけたときに、「怒りと憎しみと苦しみで生きている自分自身」という答えが返ってきます。

確かに相手を責めたくなる自分は、惨《みじ》めで怒りに満ちていて、不安と苦しみに満ちていました。罪悪感と向きあうと、これまで自分が抱えてきた怒りや不安や苦しみを全部、失ってしまう感覚があったんです。

相手を責めてまで、その怒りと憎しみと苦しみに満ちた人生を歩み続ける必要がある？　と思ったときに、「そんな自分は崩壊してしまってもいいかも」と罪悪感と向きあいたくなります。

相手を責めたくなって、後ろに隠れている罪悪感と向きあったときに、「あ！　怒りや憎しみ、そして不安から自由になった！」と、それまでの自分が打ち砕かれて、自由で新しい自分自身と出会うことができるんです。

■一人反省会

反省会は罪悪感製造機。苦しみの繰り返し

子どもの頃から、一人反省会をずっとやってきました。

「また、友達から嫌われるようなことを言った」とか、「相手を不快にさせるようなことをしちゃった」と、一人で学校から帰る道すがらずっと反省していました。

勉強をきちんとしなかったこと、友達に誘われて駄菓子屋でむだ遣いをしたこと、などが浮かんできて、「あー！　なんて自分はダメなんだ」と反省していました。

▼反省会をするほど罪悪感に押しつぶされる

私の言動で不快な思いをさせて、傷つけてしまった学校の友達に対しても、「申し訳ないことをした」と、一人反省会をすればするほど罪悪感が湧いてきます。

そして、自分のために苦しんでお金を稼いでくれている父親や母親に、「むだ遣いをして申し訳ない」と罪悪感でいっぱいになり、さらに、その両親の期待を裏切って勉強が一切できないことで、「自分はこの世に存在する価値がない」という罪悪感に膨らんでいきます。

いじめられっ子にいじめられて泣いて帰ってきたときも、いじめっ子を責める気持ちよりも「なんて自分は情けないいんだ」という思いが強く、人からいじめられるような、こんなダメ人間に育ってしまって、両親を悲しませていることへの罪悪感で押しつぶされそうになるんです。

両親に対して申し訳ない罪悪感で苦しみ、「明日からはいい子」になって罪悪感を帳消しにしようと、夜に一人反省会で眠れずにぐるぐる考えながら苦しんで決心します。

「明日こそは」と心の中で固く決心をするのですが、次の日になると、あれだけ一人反省会をして罪悪感で苦しんだはずなのに、「また同じことをして人から嫌われるようなことをしてしまった」とか、「むだ遣いをした」や「勉強にまったく集中できなかった」と後悔を繰り返して、また同じように一人反省会で苦しみ、罪悪感で押しつぶされそうになるということの繰り返しをしていました。

▼ラクになりたいのに、ダメな自分が浮き彫りになる

大人になっても、仕事をしていて「どうしてあのとき、あの人の話をもっとちゃんと聞かなかったんだろう」とか、「相手に頼まれたことをちゃんとやらなかったんだろう」と、一人になると後悔が襲ってきて、一人反省会が始まります。

反省を繰り返すたびに罪悪感は膨らむばかり。どんどん苦しくなる

相手との会話を頭の中で再現して、「自分は悪くない」という言い訳や証拠を探したかったのですが、「あ！　やっぱりちゃんと話を聞いていなかったじゃないか！」と集中力に欠けた自分が相手の話をきちんと聞いていなかった場面を見つけてしまって、「相手に対して申し訳ないことをした」と罪悪感で苦しみます。

「相手に頼まれたことができなかった」ということでも、「こんなに忙しかったら忘れるよね」と自分を弁護したくなるのですが、「相手の気持ちを傷つけてしまった醜い自分がいる」と、一人反省会で罪悪感がどんどん湧いてくるんです。

一人反省会は、「自分は悪くない」と罪悪感から逃れたい気持ちがあってやっている部分もあるのですが、それをすればするほど、「責任逃れをしている卑

怯者」という罪悪感に苦しめられます。

「こんなことたいしたことじゃない」と、罪悪感を和らげるために一人反省会をしているのですが、結果的に「相手のことを傷つけた最悪な自分」とか、「相手の期待を裏切ったダメな自分」というのが反省会でどんどん浮き彫りになって、罪悪感で苦しむことになります。

「もう二度と相手を傷つけたくない」とか、「相手の期待を裏切ることをするまい」と思ってやっているのですが、一人反省会をするとどんどん罪悪感が強くなってきて、「また同じ過ちを繰り返していた」と、苦しむことになるんです。

▼罪悪感を消せないから同じ失敗を繰り返す

こんなふうに自分の一人反省会を振り返ってみると、「なんであんなに苦しんで反省したのに同じことを繰り返しているんだろう？」という疑問が湧いてきます。

あんなに苦しんで反省をしたのだったら、もっと学習して自分自身の行動が変わっていいはずなのに、**同じ失敗を繰り返す**ことになっている。

同じ失敗を繰り返して、再び一人反省会で苦しむけれど、また同じ過ちを繰り返すという悪循環。これも「反省」ということをしているのに、心の底にある「罪悪感」にきちんと向きあって、それを受け止めないから、同じ失敗を繰り返しているんです。

え？　一人反省会をしていれば、心の中にある罪悪感にきちんと向きあっているんじゃないの？　と思うのですが、実際はそうではありません。

相手を責めることで罪悪感に向きあわないのと一緒で、一人反省会で自分を責めることで、心の奥底にある罪悪感と向きあうことを避けてしまうから、罪悪感はいつまでも消えずに心の中に鎮座します。そして、消えない罪悪感がまた同じ失敗を繰り返させます。

▼自分を責める前に、罪悪感と向きあってみる

一人反省会で自分や他人を責めているのは、罪悪感と向きあいたくないからです。

でも、一人反省会で自分を責めたくなったときに、「どんな罪悪感があるの？」と自分が向きあいたくない罪悪感を探って、向きあってみると、「あれ？　自分を責める気持ちが消えた！」となり、「同じことを繰り返さなくなった！」となるからおもしろくなります。

「なんであの人の話をちゃんと聞かなかったんだろう？」と一人反省会でダメな自分を責めなくなったら、「自分の罪悪感はなに？」と探ってみる。すると、「相手のことを見下している傲慢な自分」という罪悪感が出てきます。

「見下している傲慢な自分」という罪悪感がある、と見つけただけで「あれ？　一人反省会で自分のことを責める必要がなくなった！」と、一人反省会を続けられなくなります。そして、「人のことを見下している傲慢な自分という罪悪感があるんだ」と認めると、「ちゃんと人の話を最後まで聞けるようになった！」となるからおもしろいんです。

一人反省会は自分の罪悪感と向きあうためにやっている、と思っていたけれどそれは違っていて、自分や他人を責めることで罪悪感と向きあわないようにしていただけでした。

「一人反省会」といいながら、自分を責めることで罪悪感と向きあわずにいたのをやめて、「罪悪感を探ってみよう」とすると、「あ！　自分のことを責めなくていい！」と気持ちが軽くなり、さらに罪悪感を抱え続ける必要がなくなります。

そうして、罪悪感が自分に失敗を繰り返させていたことに気がつくようになると、自分の中の**罪悪感を探すのが楽しみになってくるんです。**

■嘘をついてしまう

罪悪感があるほど、人に嘘をつく

学校でいじめられて泣かされて、目を腫らして帰ってきたら、母親から「あんた、また学校で泣いたでしょ！」と言われ、私は首を横に振って「泣いてないよ！」と嘘をつく。

すると母親の顔色が変わり、「あんた！　嘘つきは地獄に落ちるんだからね！」と言われて、私は真っ青になります。父親が帰ってきたときに、母親が父親に告げ口をして、血圧の高い父親の顔が真っ赤になり、「なんでお前は嘘をつくんだ！」と怒鳴りつけられて、引っ叩かれる。泣いて「ごめんなさい！」とあやまっても、「お前は、ちっとも反省をしないで嘘をついている！」と怒鳴られて、また引っ叩かれる。

▼裁かれる恐怖からとっさに嘘をつく

振り返ってみると地獄絵図のようでした。こんなふうに、「ちょっとした罪」を裁かれて罰せられる恐怖があるから、とっさに「嘘」をついてしまう。自分で嘘をつこうと思ってついているわけではなくて、「罪を裁かれる恐怖」がものすごいから、とっさに嘘が出てしまうんです。

自分がものすごい極悪人にされて、吊し上げられて、惨めで地獄のような目にあわせられるはずだから、そこから逃れようとして、とっさに嘘が出てしまう。

気がついたら嘘が口から出ていた、という感じでした。

父親に「ごめんなさい」とあやまるのも、もちろん「嘘」ですね。別に父親を騙したくて嘘をついているわけではなくて、父親から罰せられるのが怖いから、「嘘」が自動的に出てしまう感じ。

嘘がバレたらものすごく大変なことになる、というのがわかっているのに、とっさにしかたのない嘘をついてしまう。そして、嘘がバレて親から殴られたり、友達から「嘘つき」と軽蔑されて仲間外れにされたり、誰からも信用されなくなり、私が一番恐れていた惨めで孤独な地獄のような状況を自ら嘘でつくり出してしまうんです。

ひとつ嘘をつくと、さらに嘘を重ねなければならなくなって、そうして嘘が重なって、「大嘘つき！」と誰からも信用されなくなります。それを恐れているから、「嘘」がとっさに出るのですが、その嘘が一番恐れていた状況をつくり出してしまうんです。それがわかっているのに、とっさに嘘をつくことがやめられません。

▼嘘をつくことで、罪悪感に縛りつけられる

この「とっさに嘘をついてしまう」というのは、自分が罪悪感と向きあわないようにしているからです。自分が抱えている罪悪感をほかの人に暴かれないように「嘘」が自動的に出る。

だから「嘘」がとっさに出たときに、「あ！　罪悪感が隠れているんだ！」と、自分の罪悪感を探してみると、自分が恐れている最悪な状況は起きなくなります。

とっさについた嘘。嘘をつくことで、罪悪感を隠そうとしている

母親から「学校で泣いたでしょ！」と、指摘されたときの私の中の罪悪感は、「勉強を怠けている罪悪感」でした。

「え？　いじめっ子から泣かされて弱虫だから、母親に申し訳ない、という罪悪感じゃないの？」と、普通なら思います。でも、私の中では、「いじめられて泣かされた」と母親に伝えたときに、「あんたがちゃんと普段から勉強をしないから馬鹿にされて泣かされるんだよ！」と責められるのはわかっていました。

母親の言うことを聞かない怠惰な自分に対する罪悪感

をきちんと受け止めていれば、「嘘」をつく必要はなくなるんです。嘘をついて自分の罪悪感を隠すことで、「怠惰」という罪は自分のものになり、怒られることがわかっているのに「ちっとも勉強をやる気にならない」と、勉強ができなくなります。

こんなふうに「嘘」から、そこに隠れている罪悪感を探ってみると、「あれ？　罪悪感って人によってつくり出されるものなんだ！」ということがわかってきます。相手から責められることを恐れて「嘘」をつくことで、他人によってつくられた罪悪感に縛りつけられ、「怠惰」が私の中に染みついて、罪悪感にまみれて嘘をつく、という悪循環をつくり出すんです。

▼「家で仕事ができない！」原因はひとつの嘘だった

リモートワークで自宅で仕事をする状況になって、ある女性が「家にいると仕事ができない！」と困っていました。

そのきっかけは、上司から「あなた、ちゃんと仕事をやっていないでしょ」と言われたときに、とっさに「いや、ちゃんとやっています！」と嘘をついてしまったことです。

普通だったら「まあ、嘘をつくよね」という状況ですが、その女性は「あ！　嘘をついてしまった」という罪悪感で苦しみ、それから仕事に向きあおうとしても、コンピュータを開いた

「怠惰の罪悪感」が定着したことで、仕事が手につかなくなってしまう

ら動画を見たりゲームをしたりして、少しも仕事が進まない、と悩んでいました。

このケースでは「嘘をついた罪悪感」が注目されますが、実際は、上司から「仕事をさぼっているでしょ」と、心の中で怠惰を裁かれるのがわかるから「嘘」をついてしまい、「仕事をさぼっている怠惰の罪悪感」を自分のものにしたから、「仕事に向きあえない」という状態になっているんです。

「仕事をさぼっている」という罪悪感は上司によってつくり出されたものですが、そこで上司から裁かれることを恐れて「嘘」をついた時点で、罪悪感を隠すことになるから、女性の中で定着してしまったんです。

「怠惰という罪悪感が自分の中にあるんだ」と女性が認めたときに、「あれ？　いつもの3倍ぐらい仕事

ができるんですけど!」と本来の自分に戻っていきます。植えつけられた罪悪感はただの足かせだったと実感できるようになるから、罪悪感を認めることは非常に興味深いんです。

▼罪悪感を認めることで足かせが解ける

ある男性は、結婚するまではしっかり貯金もできていたのに、結婚をした途端に「むだ遣いをしてしまう」と余計なものを衝動買いすることに悩んでいました。

奥さんから「また、余計なものを買ったでしょ!」と責め口調で言われたときに、「いや、買っていませんけど!」と、とっさに嘘をついたのですが、カードの請求で嘘がバレて、奥さんからものすごく責められていました。

責められるのがいやだから嘘をつくのに、かえって責められるという悪循環から抜け出せないでいました。そこで、「奥さんからどんなふうに責められるのが怖くて嘘をつくの」と、隠れている罪悪感を探ってみます。

単純に考えると、「むだ遣いをして」なのですが、実際に責められても衝動買いは変わらないから、もっと違うことを責められるのを恐れているようです。時計を買ったりしているので、「ほかの女性に気に入られようとして色気づいている罪悪感」を責められるのが怖い? と自分の罪悪感を認めてみたら、「あ！　ラクになったかも！」とびっくりします。

男性が「女性に気に入られようとしている罪悪感」を認めたときに衝動買いが止まって、「本当に自分が使いたいものにお金を使うことができるようになった」と、楽しめるようになります。


こんなふうに見ていくと、罪悪感とは、本当は自分を責める相手によってつくり出され、責められることを恐れて「嘘」をつくことで罪悪感が自分のものとなってしまい、足かせとなって、自分らしく生きることをできなくさせるものなんです。

嘘をつかせてその罪を裁く人がいる。嘘をつかせることで罪悪感を相手の中に定着させるので、その人はいつの間にか自由を奪われてしまうんです。

でも、「自分の中の罪悪感」を探し当てて、「こんな罪悪感があったんだ！」と認めると、その足かせが解けて、本来の自分に戻ることができるんです。

Column

人は1日に200回嘘をつく

いろいろな研究から「人は1日に200回以上の嘘をつく」と言われています。200回も嘘をついているのに、「嘘つき」と責めたり、責められたりすることは滅多にありません。「あ！嘘をついているな」とわかっていても、あえてそれを指摘しない。これも「嘘」になるわけです。

嘘を指摘しない理由は、「人間関係を荒立てたくないから」です。相手の嘘をいちいち暴いて責めたら、人間関係がギクシャクします。人間関係を円滑に保つために嘘をつくのは、日本人の特徴なのかもしれません。

海外で、日本人が外国人に対して「今度うちに遊びにきて！」と社交辞令という嘘をついたら「え？　本当に相手がきちゃった！」ということがよくあります。日本人同士なら「社交辞令の嘘だよね」と理解できるし、そこに罪悪感はありません。

日本はもともと村社会で、「人との和」を大切にする必要がありました。そういう意味では、「嘘」に対する罪悪感が薄いのかもしれません。

しかし、和を乱す相手を見つけたときには、相手の嘘を暴き、相手を断罪して罪悪感を与えたくなるんでしょうね。いつもは自分の嘘にあんなに寛大なのに。

第4章

心のフットワークを軽くする処方箋

■その①「言葉」の処方箋

呪文を唱える「この罪悪感は私のものではない」

駆け出しのカウンセラーだった頃に、「父親に対しての怒りと罪悪感で苦しい」という女性から「大嶋くん、呪文を頂戴！　呪文を！」と言われて、びっくりしたことがありました。

▼催眠療法では、無意識の状態に暗示をかける

「え？　呪文ってなんのことですか？」と質問をしたら、「ほら！　唱えたらすぐにラクになる呪文のことよ！」と言われて、「いや、私は真面目なカウンセラーですから、そんな怪しいことはいたしません」と心の中で全否定してしまいました。

怒りや罪悪感などで苦しんでいる場合は、「カウンセリングの中で何度も口から感情を吐き出して、ラクになっていく」というイメージがあったからです。どんなに苦しくても、時間がかかっても、自分の中にある苦しみの感情を話していかなければ、人はその感情から解放されない、と職場のボスから教わっていました。

催眠療法を習うようになって、「人は言葉で暗示がかかる」という不思議な世界を目の当た

りにします。

催眠状態で「腕が軽くなって上に上がります」と言われれば、「あれ？　なんだか上に上がっていくぞ！」と催眠のお師匠さんの言葉ひとつで腕の重さが変わったんです。催眠の講座が終わった後に、電車の中で「腕が軽くなって上がります」と、お師匠さんと同じように唱えてみたけれど、「自分で呪文を唱えても、腕はちっとも軽くならないじゃない！」とがっかりした覚えがあります。

後でわかったのは、催眠の無意識の状態と電車に乗っていた意識している状態とでは、言葉がけをしたときの反応が違う、ということでした。「腕が軽くなる」と意識的に言ってみると「軽くならないんじゃないか？」という疑いが上がってきます。催眠状態だとそれが浮かんでこなかったんです。

▼意識下では、言葉の暗示が反対に働く

人間の意識では、「プラスマイナスゼロにする」という恒常性というシステムがあります。「やればできる」と意識的にプラスの声がけをすると、「やってもできない」というのが心のどこかで響いていて、「プラスマイナスゼロ」という作用で「プラスに声がけをしてもなにも変わ

らない」ということになる。なぜなら、そんな声がけで簡単に変わってしまったら、どんどん人が変わることになって、原形を留めなくなります。だから人間には「元の状態に戻す」という機能がついていて、「言葉がけをしてもプラスマイナスゼロにする機能で、人は変わりません！」なんです。

催眠で無意識の状態になったときは、プラスマイナスゼロにする意識が働かないから「腕が軽くなった！」となるわけです。

このプラスマイナスゼロの機能を使って、プラスマイナスゼロにできない言葉を使えば暗示が効くのでは？　と考えたのがアメリカの現代催眠の**ミルトン・エリクソン博士**。エリクソン博士は「歩いていると苦しくなって倒れる」という患者さんに、「そこだったら倒れていいですよ」と言葉がけをします。すると患者さんは、「いつもだったら倒れちゃうけど倒れられない！」と、驚くようなことが起きます。これは「**逆説**」という言葉がけです。

普通なら「倒れる」という人には「頑張って倒れないようにしましょう」と声がけしますね。すると「倒れないように」と言われることで、意識の「プラスマイナスゼロ」が働くから「やっぱり頑張れない！　倒れちゃう」となるわけです。「倒れてもいいですよ」と言われると、意識では「プラスマイナスゼロ」ですから、その逆の言葉は「倒れない」なので「倒れられない」という現象が起きるんです。

▼呪文の力で、罪悪感を認めさせる

ミルトン・エリクソン博士の「逆説」は、不思議な呪文です。

「この罪悪感は私のものではない」と唱えてみると、意識では、プラスマイナスゼロの作用が働き、その逆の「この罪悪感は私のものです」と言葉を打ち消そうとします。

そのときの「この罪悪感は私のものです」と返ってきた言葉で、「自分の中の罪悪感を認めて許しちゃう！」ということが起きます。

自分の中にある罪悪感を自分で許せないから、罪悪感があることを認められない、となっていて、それが様々な症状を生み出しています。

その自分の中にある罪悪感は「自分の中にある」と認めてあげるだけで「許してあげている」ということになり「認めて許したらいつの間にか消えてしまった」となるからおもしろい。

逆説の呪文を試してみると「あ！　あの女性が言っていた呪文は存在していた！」とわかり、駆け出しの頃の自分を思い出して少し恥ずかしくなります。以前は、自分の中の怒りや罪悪感を何度も自分が許せるまで吐き出す難行苦行をしなければ、苦しみから解放されない、と本気で信じていたからです。

「こんな簡単な呪文を唱えるだけでいいんだ！」とあの女性が見ていた世界を見ることができて、私も呪文を唱えて簡単に罪悪感からどんどん解放されてきたのです。

呪文を使うとどうなるのでしょうか。

嘘をついたとき、ふてくされた気分になってどうしようもなくなったときに「この罪悪感は私のものではない」と呪文を唱えます。すると、この呪文によって逆説が働き、心の中では「この罪悪感は私のものである」となります。

罪悪感を自分で認めたくないし、相手に知られたくないから「嘘」や「ふてくされた態度」になっていました。その罪悪感を「認める」ということで、「隠す必要はないんじゃん！」と自分が不快に思っている「嘘」や「ふてくされた態度」をやり続ける必要がなくなります。

「え？　なぜ自分の中に罪悪感があることを認めるだけでいいの？」と不思議に思うかもしれません。これは「内省」と同じ効果があるんです。

▼「そのままの私でいい」本来の自分が取り戻せる

「反省」は「自分の過ちを認めること」ですが、「内省」は「自分の弱さを認めて受け入れ、そして立ち直ること」です。

人の意識が「プラスマイナスゼロ」にするのであれば、「反省」で「過ちを認めます」としたときに「過ちを認めない」という力が働いてしまうから「反省しても同じことを繰り返す」ことになります。

「内省」は「自分の弱さを認めて受け入れる」ということですから、意識はプラスマイナスゼロにする働きをして「私はそのままの私でいい」となるわけです。

弱い自分を隠すために、嘘をついたり虚勢を張ったり、誰かを演じたりする必要がない、素のままの自分自身になることができます。だから「反省」はあまり意味がないのですが、「内省」はものすごく強力で「本来の自分の姿に戻っていく」という意味があります。

誰でも、自分の弱さの根底にあるのが「罪悪感」だから、自分の罪悪感を認めて受け入れようとするときに、内省の効果で、罪悪感を隠している自分から解放されて本来の素の自分に戻って**自由に生きられる**んです。

「この罪悪感は私のものではない」と呪文を唱えてみると、自分の中の罪悪感が内省の力で打ち消されることになります。

罪悪感を認めずに隠していたときは、自分の内面がドロドロしていて受け入れられないものがうごめいていて、人に自分の内面なんて見せられない怖さがありましたが、呪文を唱えて罪悪感から解放されたら、「あのドロドロしたおどろおどろしい自分は罪悪感がつくり出していた幻想だった」ということに気がつきます。

そして、素の自分では誰からも受け入れられない、と思っていたのが罪悪感のせいであって、本当の自分の姿ではなかった、と知ることができるんです。

▼言いたいことがストレートに伝えられるように

ある男性は「自分は正直に生きているから罪悪感などない」と思っていました。仕事でも、プライベートでも嘘をついたことがないし、誰に対しても誠実に接しているから「罪悪感は悪いことをした人のもの」と思っていたんです。

そんな男性が仕事をしているときに「自分は人との会話が下手だな」と思うことがありました。これは、仕事を始めた当初から感じていたのですが「自分の思っていることをはっきり相

呪文って
効果あるのかな…
この
罪悪感は
私のもの
ではない
罪悪感
うそーっ
罪悪感が
消えた…
パッ

手に伝えられない」から、いやな仕事をどんどん押しつけられて損をしてしまいます。

仕事を続けていたら会話がうまくなるのでは？　と思っていたのですが、部下ができて仕事をふる立場になってもうまく相手に伝えられずに、部下の仕事まで自分が抱えることになってしまいます。

仕事を頼もうと思って部下になにかを言いかけるのですが、部下が少しでもいやな顔をすると「あ、自分でやるからいいや」と引いてしまい、後になって「なんでこんなことまで自分がやらなきゃならないんだ！」と心の中で怒っているんです。

そんなときに男性は「罪悪感」の話を聞いて、「いや、まさか自分には罪悪感はないだろう」と思っていました。でも、自分の思っていることをはっきり相手に伝えられないのが改善するのならと、「この罪悪感は私のものではない」という呪文を唱えてみました。

部下に言いたいことがあるのに、自分の中でぐっと詰まるような感覚になったときに「この罪悪感は私のものではない」と心の中で唱えてみると、「あれ？　私が相手に関わると不快にさせる罪悪感」というものがあるんだ！　というのが浮かんできてびっくりします。

「自分が部下に関わると不快にさせる罪悪感があるんだ」と自分の中の罪悪感を見つけたら、

罪悪感を消すことで、相手の顔色を見ずに指示が出せるようになる

〇〇さん、この仕事
明日までにやっておいて！
ハイ
罪悪感

「〇〇さん、この仕事明日までにやっておいて！」と相手の顔色を見ることなく**ストレートに指示**をしている自分がいてさらにびっくりします。

おどおどビクビクしているのが自分だと思っていたのですが、「本来の自分ってこんなにクールなんだ！」と少しうれしくなります。そして、「この罪悪感は私のものではない」の呪文を唱えるのが楽しくなってきます。

唱えていると自分の上司にもストレートに文句を言うことができます。これまでは上司から「きみの話は長くてよくわからない」と言われてまったく内容を聞いてもらえませんでした。それが上司の前で「〇〇部長の尻拭いは、もういたしません、ほかの人にふってください」とストレートに伝えて、その場を去ることができる。

自分のデスクに戻ってきて「あんなことを言っても大丈夫だったのかな？」と思ったときに「あ！　これが罪悪感か！」とこれまであまり自覚がなかった罪悪感を自覚しました。以後も呪文を唱えるたび、どんどん男性は本来の自分に戻り、たくましくなっていったのです。

▼憎しみがはがれ、家族への怒りが消えた

ある女性は「食べるのが止まらない！」状態になり、むだ遣いばかりしています。

家族からむだ遣いを指摘されると、とっさに嘘をついてしまう。そして、家族から嘘を指摘されると、キレて家族に対する怒りが止まらなくなる。

もちろん女性は「申し訳ない」と心の底では思っているのですが、「なんで私ばかりいやな目にあわされなきゃならないの！」という気持ちから家族に対する怒りが止まりません。

そして、自分は食べるのも金遣いもだらしないし、部屋も片づけられなくてグチャグチャだとわかっているのに、外に出ると「マナーが悪い店員がムカつく！」と挨拶《あいさつ》をしない店員などにキレて、怒鳴りつけてしまうんです。

自分は危ない人と見られていて人から嫌われる存在だと感じても、こうした行為が止められず「このまま人から嫌われて人生が終わるのかな？」と時々苦しくなっていました。

女性は「罪悪感」ということを聞いたときに、「いや、自分は**罪悪感の塊《かたまり》**ですから」と自覚がものすごくありました。

でも、罪悪感を自覚していながらも、家族や人に対してキレて怒りが止まらない。女性は、この罪悪感から一生逃れることができなくて、苦しみ続けるのでは？　と考えていたから、「呪文なんて意味がない！」と思っていたのです。

そんな女性が、食べるのを止められなくなっているときに、「この罪悪感は私のものではない」と唱えてみると、「あれ？　涙が出てきて止まらなくなった」となりました。

人にわかってもらえなくて悔し泣きをしたことは何度もあるけど、この涙はなに？　ともう一度「この罪悪感は私のものではない」と唱えてみると、「**自分が生まれてきたことで母親を苦しめている罪悪感**」というのが浮かんできて驚きます。

「自分が憎んでいる母親に対する罪悪感？」と最初はピンとこなかったのですが、「この罪悪感は私のものではない」と唱えてみると、「母親を苦しめているから**愛される資格がない**」と、罪悪感で苦しんで食べものを口に入れていたことに気がつき、突然食べ続けるのが気持ち悪くなります。さっきまであんなに**飢餓《きが》感**があったのに。

なに？　この呪文は？　と女性は不思議に思います。

そこで、片づけられなくてグチャグチャになっている部屋を見ながら「この罪悪感は私のものではない」と呪文を唱えてみると、これまでいくら片づけようと思っていても手がつけられなかった部屋のゴミをゴミ袋に入れているではないですか。

「え？　なんで私はこんなことをしているの？」と思っても片づけは止まりません。

そこで「この罪悪感は私のものではない」と呪文をなんども唱えてみると、「母親と弟を病気にさせた罪悪感で自分に罰を与えていたから、肥溜のようなところで生活をしていたんだ」ということに気がつきます。憎んでいるはずの母親と弟に対する罪悪感が隠れていたのは意外でした。

この憎しみも罪悪感を隠すためのものだった、と気がついたら、家族のことが気にならなくなります。そうしていたら、外に出掛けても失礼な店員さんに出会わなくなり、外で誰かを怒鳴りつけてキレることがなくなります。

罪悪感って本当に奥が深いんだな、と思いつつ女性はこれまで罪悪感によって自分を罰していたことから解放されて、本来の自分自身に戻っていくのを感じていたのです。

■その②「考え方」の処方箋

罪悪感に襲われたときこそ、自分に優しくする

芸能ニュースなどで、失敗をとりあげられた芸能人が、インターネット上でおいしいレストランで食事をしているのを見られて、「この人、罪悪感がないのか！」とネットが炎上しているのを目にすることがあります。

普通は失敗して「しまった！」と罪悪感を感じたときには、「反省して自分を責めて戒《いまし》めなければいけない」というのが常識的な考え方なのかもしれません。でも、自分を振り返ってみても、罪悪感で自分を責め続けていると、どんどんうつ的になっていきます。

うつ的になって、さらに罪悪感で苦しんでものすごく反省しても、もっと強烈な罪悪感が襲ってくる。そうしているうちに、「なんで自分がこんなに苦しまなければいけないんだ！」と罪悪感を怒りで隠すようになっていきます。

そして、再び、同じような失敗を繰り返して「罪悪感」で苦しみ、「自分はダメだ」と自分を責め続ける生活が始まる、という悪循環になるんです。

自分を責めることは、自分を破壊すること

私は親に「あんたはちっとも反省していないから同じ失敗を繰り返す」と子どもの頃から叱られていました。自分では十分過ぎるぐらい罪悪感で苦しんでいると思っているのに、まだ自分はそれが足りないんだ、と思ってさらに自分を責めて「なんて自分はダメなんだ!」と否定してみるのですが、状況はどんどん最悪になって、**自己肯定感**だけが地に落ちていく感覚がありました。

罪悪感で自分を責めることで、できるはずのこともできなくなり、ハンディキャップを背負って**不自由に生きている感覚**から抜けられなくなっていきました。

私が子どもの頃はそのメカニズムがわからなかったのですが、最新の医学ではそのしくみが解明されてきました。それは傷を負ったときに体内に発生する「**炎症物質**」と「**自己免疫**」のしくみです。

けがを負った人が「あー、もう自分はダメだ」と後ろ向きになるのは「けがのショックから」と思っていたのですが、傷を受けたところが炎症を起こして、血液中に炎症物質、というものが発生するから「後ろ向きな考え」になる、というしくみがあったんです。最近では常識にな

りましたが「がん」を発症すると、やはり「炎症物質」ががん細胞から出てくるので、炎症物質のせいでどんどん後ろ向きな考えになるわけです。

また、「幼い子どもを亡くした母親は自己免疫の病気になりやすい」という研究があります。自己免疫とは本来、ウイルスや体にとって悪いものから守ってくれるものです。それが、子どもを亡くした母親が自分を責めていると、自己免疫が暴走して自己免疫の病気になってしまうんです。

自己免疫は、悪いものから自分を守ってくれるものですが、自己免疫が暴走すると、「自分の正常な細胞まで攻撃して破壊する」ということが起きます。罪悪感から「自分を責める」と自己免疫が暴走して、体の正常な細胞まで破壊してしまうんです。

自己免疫が正常な細胞を破壊したときに、炎症が起きて「炎症物質」が血液中に流れていきます。それがうつ的な思考パターンを生み出し、さらに自分を責める悪循環をつくり出すから、どんどん自分自身が破壊されていくことになります。

だから、人は罪悪感を見ないようにするんです。なぜなら、罪悪感を受け止めてしまったら、自分を責めて、自分を破壊してしまうから。

正常な細胞が破壊されて炎症物質が血液中に流れて、さらにうつ的な思考になり、自分を責めるのが止まらなくなる。自分を責めれば責めるほど、自己免疫が暴走して、身体も心もボロボロになるんです。

▼罪悪感を手放すことにさえ、罪の意識を感じる

一人の人が、失敗をして罪悪感を感じていても、なにもダメージを受けていないじゃない！と思うかもしれません。でも、実際は、罪悪感から自分を責めることで、自己免疫が体の正常な細胞まで攻撃して、身体をボロボロにして、炎症物質を発生させて「がんになったのと同じ状態」をつくり出します。その炎症物質が後ろ向きな考え方にさせるから、罪悪感からもっと自分を責めてしまって、どんどん自分を破壊していくんです。

私自身を振り返ってみて、罪悪感で自分を責めていたときは、アレルギー性鼻炎がひどくてわずかなホコリにも敏感に反応していました。ほんの少しのことでもアレルギーの症状を起こして倒れていました。

胃潰瘍で胃はボロボロで、そして月に1回は、病院に通院する必要があったんです。罪悪感で自分を責めることが正しいことだと思っていたからです。カウンセリングの仕事をやってい

て、クライアントさんたちが罪悪感から解放されると、「自分に優しくできるようになりました！」とうれしそうに報告をしてくださる。そして、どんどん顔色も良くなって元気になっていきます。

あるとき、クライアントさんから「先生はどうしていつまでもそんな罪悪感を抱えて生きているんですか？」と質問されたことがあります。

私はその鋭いクライアントさんに、「私の仕事は相手の罪悪感に共感することだから、罪悪感を抱えていた方が共感しやすいんです」と答えました。するとクライアントさんは、「もうその

自分を責めることは
自分を破壊すること
うっ
罪悪感
罪悪感から
解放されると…
自分に優しくなれる

罪悪感は、手放してしまったらいいのに」と笑顔で去っていきました。

私はその後に「あれ？　もしかしていつまでも罪悪感で自分を責めていなくていいの？」と新しい世界を垣間見たような気持ちになりました。でも、この罪悪感を手放したら、とても悪いことをしている後ろめたさが湧いてきます。

罪悪感で自分を責めて罰していることが自分の生き方になっていたので、それをしなくなったら、まるで犯罪を犯すような怖さがそこにありました。この罪悪感とずっと共に人生を生きてきたから、自分を責めて罰を与え続けていなければいけない気がしていました。

▼「よく頑張ったね」傷ついた自分に優しくする

私にとっては大冒険だったのですが、「罪悪感を感じたときに自分に優しくする」ということをし始めました。罪悪感を捨てることが自分には難しくてできません。だからせめて「罪悪感で自分を責めたくなったら、自分に優しくする」ということをしてみたんです。

過去の自分が傷つけた人のことが急に浮かんできて、「申し訳ないことをした！」と罪悪感いっぱいで「なんてダメなことをしてしまったんだろう」と悔やんだときに、自分に優しくしてみます。

衝撃だったのは、「あれ？　自分にどうやって優しくするの？」と、その方法がわからなかったこと。自分を責めたり罰したりするのは得意だったのですが、「自分に優しくする」というのはそれまでしたことがなかったからです。

「なんか自分がほしいものを買ってあげること？」とか「自分が食べたいものを食べさせてあげること？」などを考えてみたのですが、「それは優しくするというよりも甘やかしている感じだな」と少々違う気がしました。

そこで、「この私の罪悪感をもし、ほかの誰かが抱えていたら、私はその人に対してどのよう

自分に優しくするとは…
うーん
よしよし
ちがうか…

に優しくしてあげるのだろう？」と考えてみました。

すると「よく頑張ってきたね！　もう十分自分を責めてきたからもう責めなくていいよ」と休ませてあげるだろうな、と思ったのです。

そのときに「あ！　罪悪感ってけがや病気と一緒だから、優しくするって休ませてあげることなんだ！」とわかったんです。

罪悪感を感じたら、私の場合は「優しくする」は優しく休ませてあげること。休ませてあげることで、自分を責めるのも休むことができます。自分を責めることを休んだら、自己免疫が自分を攻撃することがなくなり、炎症物質が血液中から減っていきます。すると「あれ？　あれだけつらかった罪悪感が消えていく」と不思議な体験をしたんです。

自分を責めて自己免疫が暴走して炎症物質が血液中で増えていたから、どんどん罪悪感で苦しくなっていたのですが、「自分に優しくする」ということをやってみたら、炎症物質が減ってまともに考えることができるようになり、人との距離感を健康的に保つことができるようになる。すると、罪悪感がどんどん減っていき、自分を縛りつけていたものから解放されてさらに自分に優しくしてあげられるようになっていきました。

「これが、あのクライアントさんが体験していた世界なんだ！」とその人が見ていた風景を見ることができた喜びを感じられました。人って自由に生きていいんだ、とさらに罪悪感から解放されていったんです。

方法は簡単で、「いやなことが思い出された」とか「失敗した罪悪感でいっぱいだ」というときに、「自己免疫の暴走」で自分をさらに傷つけるのをやめる作業をします。「罪悪感」を感じた時点で十分に傷を負っているんです。

罪悪感で自分を責める、ということ自体が傷をどんどん悪化させるのと同じこと。

罪悪感は目には見えない傷ですが、自己免疫が暴走して血液中には炎症物質がたくさん発生して、その炎症物質が精神にダメージを与えてうつ的な思考にして、罪悪感をどんどん膨らませて傷を大きくする。

その「罪悪感」という傷を治す、という作業が「自分に優しくする」という方法です。罪悪感を抱えている人は、自分に優しくするということがわからない人が多いです。

本来、罪悪感でいっぱいな人は、「人に優しくする」ということはお手のもの。だから、「この罪悪感をほかの誰かが感じていたら、自分はどんなふうに相手に優しくしてあげるのか」ということを考えてみます。そして、浮かんできた言葉や行動を実際に自分にしてあげます。

▼心の傷を手当てすることで体調も回復した

ある女性は、体の調子が悪くなって仕事が続けられない、ということで悩んでいました。仕事が順調に進んできたかな、と思うと胸が苦しくなって「もう仕事が続けられない」となって、チャンスをつぶしてしまいます。

しばらくすると、また立ち上がって新しい仕事に挑戦して能力を発揮するのですが、やっぱり仕事が進んでいくと「ものすごい疲労感でもう仕事が続けられない」となり、せっかく頑張ってきたのに、とまわりから惜しまれるのですが、「もう絶対に無理」と苦しくて続けられなくなります。

女性は、「会社で一生懸命に働いていても、自分の仕事を誰も認めてくれないから調子が悪くなる」と思っていました。学校に行きたくない子どもが、「お腹が痛い」と訴えて学校を休むような感じ。女性の場合は、会社に対する不満があればあるほど、いろいろな症状が出てきて、仕事が続けられなくなると思っていました。

「罪悪感」と女性が言われたときに、「あんな上司や会社に自分は罪悪感を感じているわけがない」と全否定をします。自分が悪いのではなくて、会社のシステムや怠け者の上司が悪い、と

罪悪感などないと思っていても、外から自分を見ることで気づくこともある

本気で思っていたからです。

女性は、自分では罪悪感のことがわからないから「自分を外から見てみたら」と自分のことを外から観察してみることにしました。

すると「あ！　自分が上司を甘やかしたから、上司が仕事をしなくなった罪悪感がある」ということに気がついたんです。

自分が腐らせてしまった上司をなんとか立ち直らせなければ、と思っていたから必死になって働いていたけれど、自分が罪悪感で働けばどんどん上司が腐っていくので、その罪悪感で自分は押しつぶされそうになっている！」と気がついたんです。

女性は「この罪悪感で自分を責めている」と気がついたものの、「自分に優しくするってどうすればいいの？」と考えてみても「自分には好きなものを買

ってあげているし、贅沢もしているからな」と優しくする仕方がわかりません。

そこで女性は、「この女性に自分はどうやって優しくしてあげられるのだろう？」と外から自分を見ている感じで状況をとらえて、「上司を腐らせた罪悪感で苦しんでいる女性に優しくするには」ということを考えてみます。

すると、「あの上司が腐ってしまった責任を負わなくてもいいんだよ」と優しい言葉が出てきます。

「あの上司が壊れてしまった責任をもう負わなくていいよ」と自分に優しい言葉をかけたときから、女性は上司との関わりをやめて、ほかの人に任せ、自分の仕事に集中するようになりました。

すると、女性の体調はどんどん回復していって元気になります。そんなときに「罪悪感って本当にけがと一緒なんだな」と、実感することができたんです。なぜなら、あんなにボロボロだった体が元の元気な姿に戻るのですから。

■その③「行動」の処方箋

他人の目線に頼らない。人に対して動かない

この本はあくまでも「罪悪感で苦しんでいる人」のために書いています。

一般的な「罪と罰」の話になると、「加害者は被害者に対してなにもする必要はないのか！」という怒りが湧いてくるでしょう。「謝罪もなにもしない加害者は正しいことをやっているのか！」と怒りが湧いてくるのは「自分の罪悪感がうずくから」です。

多くの人間は、みんな罪悪感で支配されています。

相手を責めて罪悪感を与え、他人を罪悪感で支配しようとする人と、罪悪感を感じることがない精神的な特徴がある人もいますが、「どうしてあの人はあれでいいんだ！」とか、「罪悪感で償うことをしないんだ！」と怒りや恐怖が湧いてきたら、「あ！　自分が植えつけられている罪悪感がうずいているんだ！」と、自分の罪悪感に目を向ける必要があるのかもしれません。

自分が痛むところがなければ怒りや恐怖は湧いてこないんです。自分が目を向けたくないところになると、人は思いっきり相手のことを責めたくなったり、否定したくなったりする。こ

れも「罪悪感を感じたらなにかをする」のひとつですね。

相手を否定するために怒りをぶつけるのも「人に対してなにかをする」ということで、自分の罪悪感を隠す行為になるから、どんどん罪悪感が実体化されていきます。

▼救いを求める相談はしない

よくやってしまうのが、罪悪感を感じたら「自分はまちがっていない」と誰かに言ってほしくて人に相談することです。

私は職場で、上司から「お前は思い上がっている！」とみんなの前で怒鳴りつけられて「ショック！」を受けたことがありました。

心の中では「自分は思い上がってなんかいない！」と思いながらも、以前の職場の先輩に「上司からこんなことで〝思い上がっている〟と怒鳴りつけられたんだけど、先輩どう思います？」と電話をして聞いてしまいました。

多分、今だったらメールのやりとりになるでしょうが、その当時は電話をして先輩に相談をしたんです。

私が期待していたのは、「それは大嶋さんが悪いんじゃないよ！」という答えだったのですが、先輩から返ってきた答えは、「そんなふうに受け取られてしまう大嶋さんに問題があるんじゃないの？」と言われて「ガーン！」とショックを受けてしまいました。

このショックによって、上司から受けた「罪悪感」が私の中で確定して、「自分は思い上がっていて会社の看板に泥を塗った罪悪感」が膨らんでいきました。

こんなふうに書くと「本当に大嶋はその当時思い上がっていなかったの？　あなたが悪かったんじゃないの？」という気持ちが湧いてくるでしょう。

これが「罪悪感のシステム」です。

上司に怒られ先輩に相談するも
どう思います？
先輩
君にも問題あったんじゃないの？
えーっ
ガーン
罪悪感という名の牢屋に…
ドンッ
罪悪感
苦しいよー

みんな罪悪感という牢屋に閉じ込められていて、そこから抜け出そうとする人がいると「自分だけ抜け出すなんてずるい！」と怒りが湧いてくる。

こんなに自分は罪悪感で苦しんでいるのだから、いい思いをしているお前なんて、罪悪感で地の底に落ちろ、とさらに罪悪感を植えつけるような思考が湧いてきます。

そうなんです！　目には見えない「罪悪感のシステム」というものがあって、人はそこから抜け出そうとする人に対して相手の罪を責めて裁く、という思考が湧くようにセットされています。

私のように「この苦しみ（罪悪感）から逃れたい」と罪悪感から逃れるつもりがなくても、相談した相手が、「この人は罪悪感から逃れようとしている」と見抜いた場合、「罪悪感から逃れようとしている相手を責めて罰する」と罪悪感のシステムから抜け出せないようにします。

だから、少々失敗して「申し訳ない」というときも、「罪悪感から逃れたい」という気持ちがわずかでも含まれていると、それを見抜いた人の「罪悪感のシステム」が働いて、「そこから逃すものか！」とその罪悪感を感じている相手を責めて罰する、ということを自動的にするから、「絶対に許せない！」と憤ります。

「え〜！　ちゃんと心からあやまっているのに！」と思うのに、「この苦しみから逃れたい」という気持ちがあればあるほど、あやまっている相手の「罪悪感のシステム」は強烈に働いて、相手をものすごく厳しい裁判官へと変身させるんです。

「私のせいでちょっと迷惑かけちゃったな」と、軽い気持ちでフォローメールを出したら、「罪悪感から逃れる」を相手が察知して、「どんどん相手の中でフォローメールが炎上した！」と恐ろしいことになります。

不機嫌になった相手の気持ちをフォローするためのメールだったのに、相手の怒りがどんどん膨らんで、いつの間にか、私は「極悪人級の罪悪感」を感じることになります。

もちろん「相手の受け取り方がまちがっているから誤解を解きたい」というメールや文章を送っても、その裏には「罪悪感から逃れたい」という意図があるから、相手の「罪悪感のシステム」が強烈に反応をして、「ああ言えば、こう言う」と返され、どんどん相手から罪悪感を植えつけられていきます。

「誤解を解きたいだけなのに」と思っていても、そこに逃れたい罪悪感が隠れていたら、すぐに罪悪感のシステムは、罪悪感を植えつけてこのシステムから逃れられないように的確に手を打ってくるんです。

ある意味で言ったら、「そこから逃れようがない」という完璧なシステムが「罪悪感のシステム」なんです。

「誰がどう思うか」を捨て、自分の内側に向きあう

この罪悪感のシステムから脱出するには、「外に救いを求めないで、内側を見る」という方法があります。

「内側を見る」とは、ほかの人の視線に頼らない、ということ。

罪悪感を感じたとき「あの人だったらこの状況をどう思うだろう？」とか「あの人は私のことをどう思っているんだろう？」と聞きたくなるのは「あなたが悪いんじゃない」と救いの手を差し出してほしいからでしょう。

いやなことがあったら「ああでもない、こうでもない」といろいろなことが考えられるのは、相手の立場に立って、相手の気持ちを考えて救いを求めているから。心のどこかで「相手を納得させて許してもらう道があるかもしれない」と、救いを求めているから、考えるのがやめられないんです。

でも、それをすればするほど「罪悪感のシステム」が働くから、「お前が悪い！」や「言い逃れをしようとしているのか！」と責める思考が次から次へと湧いてきます。

他人の視点を使って、この罪悪感のシステムから逃れることは、ほぼ不可能とされています。このシステムがなければ、人は罪悪感から簡単に抜け出して、どんどん自由に光り輝いてしまいます。

ですから、そうはさせないのが罪悪感のシステムなんです。

ですから、この罪悪感のシステムを逆手に取ればいい。それが「他人の視点を使わないで、内側を使う」です。

方法は簡単で、「あの人はどう思っている？」と考えているのは罪悪感から逃れるためですから、それをやめて自分の罪悪感と自分の視点で向きあうことです。「誰がどう思うか」というこ

とを一切考えないで「自分は罪悪感をどう受け止めるか」と、人ではなくて自分の視点で受け止めます。

たとえば、同僚にきつい言い方をしたと思ったとき、「大丈夫？」とフォローメールをしようかな？　と考えたとします。同僚にきつく言ってしまった状況を思い出したり、同僚の気持ちを考えたりするのは「罪悪感から逃れたい！」からなんです。

自分の中で「同僚の間が悪いから私が怒った」とか、「あんなにふてくされた態度をしなくたって」と、相手を責めたくなるのも「罪悪感から逃れるために相手を使う」ということをやっているからです。

だから、「自分はどんな罪悪感を感じている？」と自分自身と向きあう。それを見ていたまわりの社員がどう思う、など一切排除して「自分はどんな罪悪感を抱えている？」と人を一切排除した、自分の純粋な罪悪感を見ます。

すると、「気分のアップダウンが激しくてすぐにキレて人を傷つける罪悪感」が出てきますが、「人を傷つける」という「他人」が入っているので、さらに「他人」を排除してみます。

「人を不快にさせる」とか「相手を怒らせる」は、他人が入っているのですべて排除した上で「罪悪感」を内面で見ていきます。

「他人」を排除した罪悪感を見ていくと、「いい人を演じて自分に嘘をついている罪悪感」が出てきます。もう少しかっこよく表現すると、「偽りの自分で生きている罪悪感」です。

この他人を排除した罪悪感にたどり着くことができると、罪悪感のシステムからみんなが知らないうちに脱出することができて、自由になることができます。みんなに内緒で。

▼謝罪メールも逆効果。余計に罪悪感にとらわれる

どんな罪悪感があるの？
自分の中の罪悪感を見つけられれば自由になれる

ある女性が職場の上司から「もっと売り上げを上げてもらわなければ困る」と言われて、怒ってしまいました。なぜなら、売り上げに上がらない部分で会社にものすごく貢献していたのに、それを正しく上司が把握してくれていなかったから。

「なんでわかってくれないんですか！　こんなに苦しい思いをしているのに！」と散々、上司に怒りをぶつけた後に、「あれ？　ちょっと上司に対して怒り過ぎちゃったかな？」と不安になります。

もしかしたら、上司が自分を見限って、「もう、来な

くていいから」と言われたらどうしよう、と居ても立っても居られなくなり「フォローメールを出さなきゃ」と思ったときに、「あれ？　これって罪悪感が隠れているの？」と気がつきます。

「いや、いや、自分は職を失いたくないから、上司にフォローメールを入れるだけだから、罪悪感とは違うでしょ」といったんは思ってみたものの「この不安と焦りを上司に救いを求めないで、内側を見る」をやってみようか、と思いつきました。


「上司に不適切に怒りをぶつけたことへの罪悪感」というのは「上司」という他人が入っているから、削ります。「売り上げを上げていなかった罪悪感」というのも「会社」という他人が入っているから違う、とこれも却下して、さらに自分の中にある罪悪感を探していきます。

「あ！　こうして、他人への罪悪感を却下していくと、どんどん自分の内面の罪悪感に近づいていくんだ」とだんだんおもしろくなってきます。

「他人に認めてもらおうと甘えている罪悪感」というのが出てきましたが「他人に認めてもらう」が他人なのでこれも却下します。「自己中の自分への罪悪感」も他人から見た自分なので、これも却下していきます。

「なにも感じていないことへの罪悪感」というのが出てきて女性はびっくりします。

「あ！　売り上げが低いと言われても、自分の業績が認められなくても、上司が困った顔をしても、なにも感じていない自分に罪悪感を感じていたんだ！」と他人を排除して、自分の内面の罪悪感にたどり着いたら、すべてが女性の中で腑《ふ》に落ちました。

そのときに、自分が感じていた罪悪感は、自分を苦しめるものではなかったことに気がつき、「人に対してなにもしない」ことが自然とできました。

だって「なにも感じていない」ですから、なにも動く必要がなくなったんです。

すると次の日に、避けられている、と思っていた上司が「君、やめたりしないよね」と、心配そうに声をかけてきました。

そのときに、「あ！　あのまちがった罪悪感からフォローメールをしなくてよかった！」と、苦しみの「罪悪感のシステム」から抜け出すことができたんです。

Column

人に罪悪感を植えつける「支配者」

「あの人といると自分がダメなことをしている気持ちになるよね」という相手がいます。一緒にいるだけで罪悪感を植えつけてくるタイプで、こうした人を「支配者」と呼んでいます。

ここでいう「支配者」とは、社会的に力をもっている支配者階級と違って、ごくごく普通に見える子どもや病気で弱っているように見える人のなかにも存在しています。

支配者が子どもであっても、その視線によって「あ、まちがったことを言ったかな？」と罪悪感を植えつけられる。病気で弱っている支配者の前で、「あーあ！」と背伸びをしただけで、「あ！　あの人の気持ちを考えないで悪いことをしちゃった！」と罪悪感にとらわれてしまいます。

この支配者という人たちは、罪悪感でこちらを罪人にすることで「私が正しい神！」を演じているんです。

支配者が近くにいると、どんどん自由に動けなくなっていきます。そして、神を演じている支配者から離れることも罪悪感で難しくなります。でも、罪悪感を与えてくる支配者は「神！」なので自分が離れても大丈夫！　だって人を罪に定める神ですから！　まさに、支配者を見つけたら「触らぬ神に祟りなし」です。昔の人はいいことを言った！

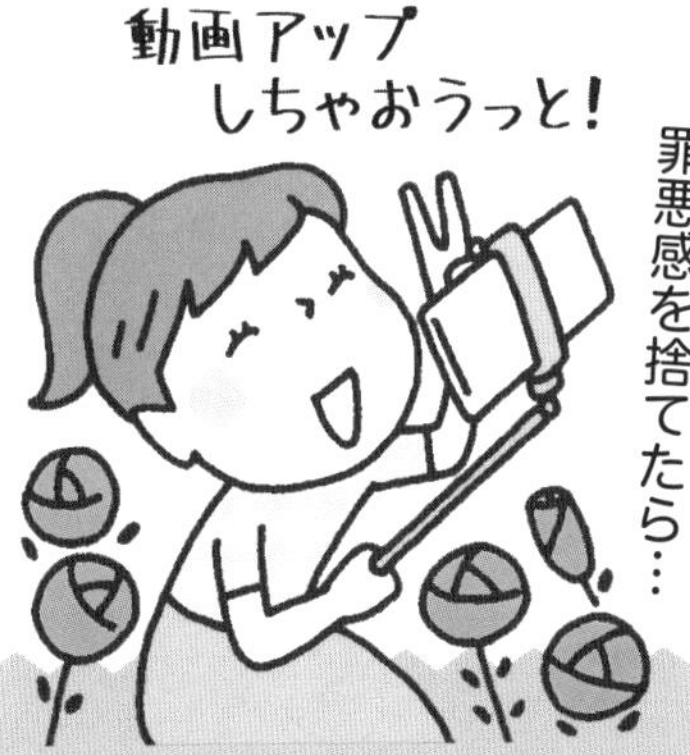
動画アップしちゃおうっと!
罪悪感を捨てたら…

第5章

きっと素敵な人生が待っている

■素敵な人生①

自分らしくいられるから、人間関係がラクになる

罪悪感がなくなると人間関係がラクになります。

まず、人間関係で「罪悪感がなくなったら気を使う必要がなくなった！」となります。

常に「相手に悪く思われないかな？」とか「相手の気分を害さないように」と、どんな人に対しても気を使っていたのは罪悪感にまみれていたからです。

その罪悪感がなくなると「どんな人に対しても気を使わなくていいんだ！」と、まるで至り尽くせりの高級旅館に来たときのように「自分はなにもしなくていい」という安堵感。そして、どんな人の前でもくつろいで自分のままでいていい自由さが感じられます。

▼相手の態度にムカつかなくなる

相手が不機嫌になったとしても、「私に罪悪感はいらない！」と罪悪感を与えようとする人から自然と離れることができます。そして、後になってから相手の気持ちなど一切考える必要がなくなっています。

罪悪感がなくなると、気を使わずに自分のままでいられるようになる

相手の気持ちを考えたくなったら「あ！　私に罪悪感を与えて支配したいのね！」としっかりと気がつくし、私にはその罪悪感が必要ないものだとわかっているから、「あ！　考えなくていいんだ！」とほっとしてうれしくなるんです。

そう、人と会った後に、いちいち相手に申し訳なく思って反省したり、相手の態度に怒ったり、という時間が一切必要なくなって不快感に浸る時間がなくなります。

人のことを思い出して、恥ずかしい気持ちやムカつく感覚に襲われそうになったら、「あ！　ここに罪悪感があるのね！」とわかるから、それ以上罪悪感から逃れるために考える必要がなくなります。

人と会った後に苦しい思いをするのがいやだから「人と会うのが億劫だ」と感じていたのが、苦しい思

いがなくなるから「別に人と会うのはラク！」で、人と会ってもその場の会話を楽しむことができるようになります。

人間関係でいろいろな人にふり回されて、罪悪感でいっぱいだった頃は「あの人ムカつく！」と怒ってばかりいた覚えがあるのですが「あれ？　人に対してムカつかなくなっている！」と思えるのは罪悪感から解放された証拠だったりするんです。

これが、罪悪感から解放されて一番不思議な現象だったかもしれません。

自分が人に対して感じていた「怒り」は、「あの人はまちがっている！」という怒りだと思っていたのですが、実は違っていて「自分の罪悪感を打ち消すために怒る」というしくみが背後にあったんです。

人の話を聞かない人や、相手の気持ちをまったく考えられない人との人間関係で、以前だったら「なんでちゃんとあなたは話が聞けないの！」とか「どうして人の気持ちをちゃんと考えないの」でカチンカチンきていたのですが、罪悪感がなくなったら、「私には関係ありません！」とまったくそういう人たちを気にしなくなりました。

罪悪感にまみれていたときは、「話を聞かないのは私を馬鹿にしているから」とか「気を使わないのは私を見下しているから」で怒っている、と思っていたけれど、もっと深いところで「罪悪感」が働いていて、自分の罪悪感を見透かされて見下されているとか、自分の罪悪感を相手に突かれているという感覚があって、「罪悪感に触れたくないから相手に怒る！」ということをしていたんです。

罪悪感がなくなると、相手がどんな態度をとっていても「ちっとも痛まない！」となるから「私には関係ありません！」と簡単に相手を切り離すことができます。

そういうことに気がついたら、道を歩いていて、ぶつかってくる人や、電車に乗るときに列を乱す人や、レストランでマナーがなっていない人に「ムカつく！」と怒っていたのは、私が

ものすごく重い罪悪感を抱えていて、「苦しい！」となっていたからだとわかるんです。

「なんであの人は私にぶつかってくるんだ！」と怒る自分の方がおかしい、と思っていたのですが、罪悪感から解放されたら怒りが湧いてこなくなって、「ヒョイ！」となにも考えずに自然と避けられます。

どこにいても、人を見るたびにカチン！　カチン！　と頭にきていたのは、自分一人で抱え切れない罪悪感があって、それを人に分け与えたかったから。だから、罪悪感から解放されたら、人に対しての怒りから解放されたので「全然疲れない！」しラクです。

歩きながらスマホをやっている人に「ムカッ！」ときたら、「あ！　私の中にもまだ罪悪感が残っているのね」と気がついてみると、自分の中にある罪悪感をさらに手放すことができます。

なぜなら、罪悪感は人間関係を整えてラクにしてくれる、と思っていたけれど、それは違っていて、罪悪感を手放した方が人間関係がスムーズになり、自分にあっている人がどんどん寄ってきてくれるようになったからなんです。

そう、罪悪感を抱えていたときは、「なんで自分のまわりにはこんな変な人しか寄ってこないの？」と思っていました。まわりは変な人ばかりだったから、常に怒っていて、人間関係が苦痛でしかありませんでした。

▼人と信頼関係が築けるようになる

自分にとって罪悪感は必要ないんだ！　と気がついてしまったら、変な人がどんどん自分から離れていくのではじめはびっくりします。自分から離れていく変な人を見て「自分が悪いことをしたのでは？」と罪悪感を感じそうになって、「あ！　これいらないんだ！」と気がついて手放すと、去っていく相手を追いかけなくなります。すると「どんどん楽しい人たちが自分のまわりに寄ってきてくれる！」と不思議なことが起こります。

罪悪感を手放すと、楽しい人たちと関係が築けるようになる

罪悪感を手放せば、イライラするような相手や、罪悪感を与えてくるような人が寄ってこなくなって、自由でのびのびと一緒に楽しめる人たちが、いつの間にかまわりにいてくれるようになります。

人と話をするときに相手の目を見るのが怖かったのも罪悪感があったから、と気がつきます。なぜなら、罪悪感から解放されたら「相手の目を見てちゃんと話ができる！」と全然怖くなくなっているからです。

相手の目を見るのが怖くなっていたら、「あ！　罪悪感があるのね」と気がついて、罪悪感を手放すことができるから、相手の目を見て話ができるようになり、豊かな人間関係の中で信頼関係が深まっていきます。

なぜ自分は人との信頼関係が築けないんだろう、と不思議に思っていたのですが「あ！　罪悪感があって相手の目を見て話ができなかったから信頼関係が築けなかったんだ」ということがわかるんです。

罪悪感がなくなると意識して相手の目を見る必要がなくて、自然と相手の目を見て話ができます。そこから信頼関係が生まれて、さらに人間関係が豊かになり、楽しいものとなっていきます。そんなときに「罪悪感がないと、こんなに人間関係って楽しいものだったんだ！」とうれしくなってくるんです。そして、もっと罪悪感を手放していきたくなるんです。日々の生活の中で。

■素敵な人生②

仕事が楽しくなって、出世する

罪悪感がなくなると、「仕事で出世できちゃう！」とおもしろいことになります。

なぜなら、罪悪感がなくなると「仕事に対する不満がなくなった」で仕事が楽しくなってくるからです。

▼自分をバージョンアップできる

「不満」とか「職場の人への怒り」とは、すべて自分の中に潜む罪悪感がつくり出す幻想でした。「いや、いや、給料に対する不満とか仕事量の差の不満は現実でしょ！」と罪悪感を抱えた人は思うでしょう。

でも、罪悪感から解放されると、「あ！　あの給料の低さは罪悪感がつくり出していた」ということがわかるようになります。

私は「なんでこんな低い賃金でこんなことまでやらされなきゃならないんだ！」と仕事をしているときに、文句をずっと頭の中で言っていました。まわりの人たちも同じような文句を言っていたから「自分だけじゃないんだ！」と思っていたのですが、違っていました。罪悪感から解放されて、文句を言っていたときを振り返ってみると、「ちゃんと仕事ができていない罪悪感」があるのだけれど、「給料が安いからちゃんと仕事ができない」と言っていたのは、自分の中にある罪悪感を打ち消すために、「不満」という煙幕《えんまく》を張っていたからだとわかります。

「不満」で「仕事ができない罪悪感」を見ないようにして、罪悪感を手放さないから「仕事ができない」という不満がいつまでも変わりませんでした。

でも、「罪悪感」を手放したら、「あ！　この仕事ができなかったんだ！」とすぐに学習することができます。罪悪感があったときは、不満たらたらでまったく変わらなかった自分が、罪悪感から解放されると、「どんどん自分がバージョンアップされて仕事が楽しくなっていくんです。

▼仕事がどんどん楽しくなる

仕事が楽しくなって認められるようになると、「あの不満って本当に罪悪感の塊《かたまり》だったんだ！」ということが実感できるからおもしろい。

「職場の上司が全然私のことを認めてくれない！　だから出世ができない！」と思っていた頃は、その裏に罪悪感があったなどということは想像もできませんでした。

上司が認めてくれない、私の仕事を正しく理解してくれない、と上司を責めていたのですが、罪悪感が取れたら「認められない」という状況を罪悪感がつくり出していた、ということがわかるから怖い。罪悪感があるから、上司のまちがった指示には従えないと、上司に対して反抗的な態度をとっていたんです。

「正しい　or　まちがっている」の判断をさせるのが「罪悪感」とは知りませんでした。

罪悪感が取れてみて初めて「あ！　罪悪感がつくり出す、正しい or まちがっている」で自分勝手な判断をして仕事をしていた、と振り返ってみると恥ずかしくなります。

なぜなら、罪悪感がなくなると、上司の指示が楽しくなり、柔軟に仕事ができるようになるからです。さらに、仕事で自分自身が判断する場合も罪悪感がないから**柔軟に対応**ができるので、どんどん仕事が楽しくなっていきます。

「え？　こんな仕事で楽しいなんてある？」と思っていた仕事なのに、罪悪感がなくなると、罪悪感を打ち消すために使っていた不満や怒りから解放され、**心の目**が開かれて「この仕事は結構おもしろいかも！」と、どうでもいいような仕事にさえ可能性が見出せるようになってくるんです。

▼仕事の効率と共に年収が上がる

それまで私は「怒りや不満が頭の働きを悪くして仕事ができなくなって給料が上がらない」と思っていたんです。

でも、実際は、怒りや不満の下に隠れていた罪悪感の問題でした。

罪悪感が「正しい or まちがっている」の判断を勝手につくり出して「まちがったことはし

ひとつの方向に向けて綱を引くことで、業績が上がり年収も UP する

たくない！」と仕事の効率を下げてしまうんです。

上司が私の足を引っ張っていると思ったら、実は、私の罪悪感が上司や会社全体の足を引っ張っていたことに、罪悪感から解放されたら気がつきました。そんな罪悪感を「ほーら！」と手放せば、会社、同僚や上司を相手に綱引きをする必要がなくなって、みんなと同じ方向に楽しく綱が引けるようになります。

罪悪感を手放して「オー！　エス！　オー！　エス！」の掛け声と共に上司と一緒の方向に綱を引っ張っていくと、どんどん出世のラインを越えていって年収が上がります。

年収が上がれば、さらに上司の掛け声にあわせて引く縄が軽くなっていき、どんどん出世の次のラインを越えていきます。

この上司の掛け声で綱を引く、というのも「お調子者」とか「太鼓持ち」とズルをしている罪悪感があったからできなかったんだな、と懐かしく思えます。「お調子者」の罪悪感から、上司の掛け声にあわせることができなかったんです。

罪悪感が取れると、上司の掛け声のタイミングでしっかりと綱を引き、みんなで力をあわせて勝ち取る喜びが出世につながる、という単純なしくみが見えてきます。

▼罪悪感が取れた人から出世していく

こうしてしくみが見えてくると、「こんなこと以前から知っていた」という思いが湧いてきます。でも、ものすごく重い罪悪感があったから「正しい or まちがっている」で判断させられて、「ズルをしているのは悪いこと」という思いから、それができなかったんです。

罪悪感がなくなると、職場の中で「誰が私のことをどう思っている」かが関係なくなって、「自分の仕事に集中できる」となるから、「あー！　罪悪感がない人は仕事をするのがこんなに楽しいんだ！」という新たなる世界を見ることができます。

罪悪感にまみれていたときは、「あの人のやり方は汚い！」とか「あの人の態度は冷たい！」

などと人のことが気になって、心を痛めて精神的なダメージを受けて、「ちっとも仕事に集中できない」と苦しんでいました。

罪悪感が取れたら「人のことは関係ない！」と、ただひたすら目の前にある仕事や数字に集中できて、仕事の効率が上がるだけでなく、発想力が上がってきて仕事の仕方自体がどんどんバージョンアップして楽しくなっていきます。

人のことが気になり出したら、「あ！　罪悪感が私の中にあるのね」と罪悪感を手放していきましょう。罪悪感を手放してしまうと、目の前の仕事の質がどんどん変わっていき、それに影響されてまわりの人たちの仕事も変わり、自ずと罪悪感から解放された人が出世していくしくみがそこにあるんです。

出世しない不満や職場の人たちへの怒りに気がつくのは、「罪悪感がある！」と気がつくきっかけになって、それを手放していくと、自分だけが出世するのではなくて、会社全体が変わっていくというおもしろい展開になるんです。

■素敵な人生③

自分のやりたい仕事ができるようになる

「自分が好きな仕事、やりたい仕事がわからない！」という場合は、ものすごい罪悪感を抱えている可能性があります。

私などは、話をするのが下手で相手に不快感を与えてしまうし、文章を書くのもダメで相手を混乱させて不快にさせてしまう。さらに文字を書くのも下手で、私の文字を見たら相手を気持ち悪くさせる、などの罪悪感があったから、「自分がちゃんとできる仕事はなにもない！」と思っていました。

▼恐怖から解放され、新しいことに挑戦できる

計算もまちがえてしまう罪悪感があって、お金を扱う仕事などはとても無理ですから、職業選択は絞られていきます。

肉体労働しか選択肢がないのですが、疲れやすくてまわりの人に迷惑をかけてしまうという罪悪感があって、それも無理でした。

「まちがったっていいじゃない！」とか、「体力だって働いているうちにつくでしょ！」と思えません。

罪悪感があればあるほど「失敗する恐怖」がとても強いので、挑戦することができないんです。

さらに「失敗したらこの世の終わり」のような感覚になっているから、まわりの人に怒ったり会社に対してものすごい不満をもったりして、自分の罪悪感が生み出す恐怖から逃れようとするのですが、結局、なにもできずにその職場から去っていく、ということを繰り返していました。

失敗することばかり考えていたのは、罪悪感を抱えていたから

そんなことを繰り返しているうちに、頭の中で挑戦する前から失敗すると思う「罪悪感を先取り」してしまって、「可能性がどんどんつぶされていく〜」と自分がやりたいことがなにもなくなり、いつの間にか「好きなこと」「やりたいこと」が自分の中から消えていました。

罪悪感から解放されたら「なんで失敗することをあんなに恐れていたんだろう？」と不思議に思います。

まわりの人から冷たい目で見られることも、「あれ？　実際に起きていないのになんで怖がっていたんだろう？」と罪悪感の威力を知ることになります。

自分がやりたいものを全部打ち消して、ぶち壊したのは罪悪感が原因でした。罪悪感から解放されたら「あれも！　これも！　やってみたい！」と自分が好きなこと、好きな仕事に挑戦できるようになるからおもしろいんです。

▼眠っていた〝やりたいこと〟が見えてくる

ある女性は、「自分がやりたいことがわからない！」となっていて、アルバイトを転々としていました。

化粧に対する罪悪感がなくなったら、おしゃれが楽しくなっていく

「自分の中の罪悪感に気がついて、その罪悪感から解放されると、好きなこと、やりたい仕事ができるようになる」というのを聞いた女性は、「え〜？　罪悪感なんて自分の中にないですけど！」と思っていました。

でも、「罪悪感」とよくよく考えてみたら、「あれ？　私って化粧をすることに罪悪感があるかも！」と気がついたんです。

「化粧をするとまわりの人に嘘をついている罪悪感」があることを発見。

「そんな罪悪感いらない！」と手放してみると、「化粧が楽しくなって、おしゃれができるようになった」と自分でもびっくりします。

ほかにどんな罪悪感があるのかな？　と女性は探すのが楽しくなって、さらに探してみると、「自分を

世間にさらすことへの罪悪感」という興味深いものがあることに気がつきました。

きっかけは、街頭インタビューの撮影をやっているのを見たときに、「私なんて写ったらダメ！」とものすごい勢いで逃げてしまったことです。

なぜこんなに「写ったらダメ！」と思うのかというと、「これまで自分が不快にさせた相手に対する罪悪感」があって、自分がテレビに映ることで相手を不機嫌にさせてしまう、怒らせてしまう、という訳のわからない罪悪感があったからです。

「こんな罪悪感いらない！」と手放して、「自分が楽しんでいるところを動画サイトでアップしてみたい！」と、化粧や料理の場面を撮ろうと思ったときに、「機械が苦手だからできない！」という感覚が湧いてきます。

「え？　ここにも罪悪感があるの？」と思って自分の中を覗いてみたら、「機械を壊してしまう」という罪悪感があって、「え？　誰に対する罪悪感なの？」と不思議に思います。

自分のもっているスマホで撮影して、自分のコンピュータで編集してアップするんだから、「壊す」といっても自分のものなのに、と考えていたら「あ！　自分の買ったものを壊す罪悪感って両親に対する罪悪感なんだ！」と気がついて、「こんな罪悪感はいらない！」と手放したら撮影に挑戦できました。

▼新しい自分を手に入れられる

動画の編集ソフトも「私って結構できるかも！」と楽しくなってきて、いろいろな編集を加えていく。そんなときに「あ！　ここにも罪悪感があった！」と見つけたのは、「ほかの人の真似をする罪悪感！」でした。

視聴率が高いＹｏｕＴｕｂｅｒの編集の真似をする罪悪感があって、なんだか変な編集の仕方をしていることに気がつくんです。

インタビューおねがい
罪悪感
ダメです
動画アップしちゃおうっと！
罪悪感を捨てたら…

「優秀な人の真似をする罪悪感なんていらない！」と手放してみると、「おー！　アップしてみたら結構見てくれる人がいた～」と、思っていたよりも視聴者の数が増えていきます。

そうしたら、どんどん自分の罪悪感を外していって、撮影するのが楽しくなって、いつの間にかその女性は「ネット動画で稼げている！」となり、その現実が自分でも信じられなくなります。

確かに、若い頃は、「テレビに出て注目されたい！」という気持ちが多少あっても「自分には無理」と思いっきり諦めていたのですが、「それって罪悪感が原因だった！」と、おもしろいことに気がついたんです。

罪悪感にひとつひとつ気がついては、手放し、を繰り返すうちに、いつの間にか自分が本当にやりたいことができるようになって、好きなことが仕事になっていました。

そして、ネット上に罪悪感を与えるようなコメントがあっても、「こんな罪悪感はいらない！」と自分の中の罪悪感を認めて手放していくと、「さらに視聴率が上がる動画がアップできた！」とすごいことになっていました。罪悪感を手放すと、好きなことが仕事になっていくんです。

■素敵な人生④

コントロールできないものが減っていく

罪悪感がなくなると、「余計なものを食べなくなった！」となるからおもしろいんです。

「ポテトチップとか食べたらダメだよね」と、食べることに罪悪感があればあるほど「まあいいか！」と、開き直って食べてしまうものです。

そして、ポテトチップを一袋全部食べてしまうことに罪悪感があるけれど、食べ始めたら止まらなくなり、空っぽになった袋を見て、「あーあ！」と思っていました。

▼食事のコントロールができるようになる

罪悪感がなくなると、コンビニでポテトチップを見ても興味がわかず、買わなくなります。

「買ったらダメだよね」という罪悪感が出てきたら、「この罪悪感を手放そう！」と頭の中で言ってみると、「やっぱり必要ないかも！」となるから、罪悪感にポテトチップを無理やり買わされて、食べさせられていたことがよくわかるんです。

食事でも、「揚げものはカロリーが多いからダメだよね」と思う「ダメだよね」が、罪悪感なんです。

私は「罪悪感があった方が体に悪いものは食べないのかも」と思っていて、「罪悪感で自分のことをコントロールできる」と信じていました。でも、罪悪感は「揚げものは食べない方がいい」と、一瞬は止めてくれますが、直後に「やっぱり食べちゃおう！」と、手に取らせます。そして食べた後に罪悪感が襲ってきて、また同じことを繰り返してしまいます。

「体に悪いものを食べない方がいいよね」と、罪悪感が湧いたときに、「罪悪感を手放す！」と頭の中で言うだけで罪悪感を手放すことができます。

今まで、罪悪感がなければ自分の食事をコントロールできないと思っていたのですが、それが逆で、罪悪感がない方が自然と健康なものが食べられ、罪悪感がない方がどんどん健康的な食事を選ぶことができるんです。

並んでいるスイーツを見て「これは食べない方がいいんだよな」と罪悪感を感じたとき、いつもなら、その罪悪感の直後に「まあいいか！」となりますが、「この罪悪感を手放そう！」と頭の中で言って罪悪感を手放せば、無理をしないで自然とスルーすることができます。

「罪悪感を手放そう！」と言うだけで、もし、スイーツを食べたとしても「あれ？　思ったよりそんなにおいしくない」と、それほどスイーツに対する魅力を感じなくなります。

そうなんです！　罪悪感があったとき「たまらなくおいしい！」と喜んでいたのが、罪悪感がなくなると、「なーんだ！　それほどおいしくもないかも」となるから不思議なんです。

▼がまんするほど、やめられなくなる

このしくみを簡単に書くなら、「罪悪感」で「食べたらダメなんだよな」と自分の中で葛藤を起こしているとき、脳内では、「緊張のホルモン（グルココルチコイド）」が出ています。

罪悪感から「食べたらダメ！」と思えば思うほど、緊張のホルモンが出る。

罪悪感は一時的なストッパーになるが…
太るからガマンガマン
ま、いっか
あーん
頭の中で「この罪悪感を手放そう」
あ、本読もう
自然にスルーできる

緊張のホルモンとは「糖質」ですから、脳は「糖質を抑えなきゃ！」と判断して、糖質を抑えるインスリンが分泌されます。インスリンが分泌され過ぎると、今度は「血糖値が下がり過ぎちゃった！」となるんです。

「糖質」は頭を働かせるのに必要なものなのに、血糖値を抑えるホルモンが罪悪感で分泌され過ぎて、足りなくなってしまうから「頭が全然働かなくなる」。後先のことが考えられなくなり、「まあいいか！」ということに。そして、甘いものを食べてしまうと、再び、罪悪感で血糖値を抑えるホルモンが分泌され過ぎて「頭が働かなくて食べるのが止まらなくなる！」というしくみなんです。

▼罪悪感を手放すだけで、飲酒量も抑えられる

お酒も同じで、「罪悪感」が緊張をもたらして、血糖値を抑えるホルモンが分泌されるから「頭が働かなくなる」で、「まあいいか！」と飲んでしまって、そこから、再び、罪悪感で血糖値を抑えるホルモンが分泌され過ぎるために「飲む量がコントロールできない！」というしくみです。

罪悪感を手放すと、緊張のホルモンが分泌されなくなり、飲酒量もコントロールできるようになる

「飲んじゃダメだ」と罪悪感があるのに飲んでしまって、再び罪悪感から「飲んじゃった」と反省すればするほど「緊張のホルモン」が大量に分泌されて、それを抑えるホルモンで低血糖を起こして頭が働かなくなり、「アチャ〜！」という失敗を繰り返すことになる。

罪悪感があるんだ！　と気がついて、「罪悪感を手放そう！」と頭の中で言うだけで、「緊張のホルモンが分泌されない」から「頭がちゃんと働く」ようになって、自分にとって一番健康的なことが選択できる。

「罪悪感」が実は、血糖値の乱高下を引き起こして、「頭が働かなくなる」という状態をつくるから、自分自身で食事や飲酒の量をコントロールできなかったんです。

だから、「そんなに食べて大丈夫？」といった罪悪感を与えるようなキーワードを言われると、その人は食事のコントロールが難しくなるわけです。

お酒の好きな人に「そんなに飲まない方がいいんじゃない！」と、罪悪感を煽《あお》るような言い方をすれば、「飲むのが止まらない！」とすることもできるんです（良い子は決して真似をしないでください）。

そう考えると、食べるときやお酒を飲もうとしたときに、「罪悪感を手放そう！」と頭の中で言うだけで、普通に頭が働くようになって「そんなにいらないかも」と、健康な人と同じ飲み方や食べ方ができます。

「いや、私は普通だと思いますけど」と、ここで思った人は、素晴らしい。でも、もしかしたら「私は普通」と言っている陰に、罪悪感が隠れているかもしれないので、「罪悪感を認めて手放そう！」と頭の中で言ってみてください。脳内の血糖が安定して「あれ、ちょっと違うかも！」とおもしろい体験ができるはずです。

■素敵な人生⑤

楽しい人たちと一緒にいられる

罪悪感をいっぱい抱えていたときには、困っている人、大変な思いをしている人、などが目につくいて、「なんとかしてあげなければ」と連絡をしてあげたり、一緒に食事に誘ったりしていました。

なんで自分のまわりには大変な人ばかりが多いんだろう？　と、嘆いていたのですが、これが自分が抱えていた罪悪感のせいだとはまったく気がつきませんでした。

▼「一緒に楽しんでいいんだ」と思えるようになる

でも、罪悪感から解放されたら、「あれ？　楽しい人たちと一緒にいられるかも！」となるからおもしろい。罪悪感を抱えていたときは、楽しい人たちといると落ち着かないので、自分の方から離れてしまっていました。

それこそが罪悪感のせいでした。「自分なんかが楽しい人たちと一緒にいて、楽しんではいけない」という気持ちが心の奥底に隠れていたんです。

楽しい人たちと一緒にいるときに、「私なんかと一緒に、こんな時間を過ごして迷惑じゃないかな」という思いが少しでも湧いてきたら、「あ！　罪悪感があるんだ！」と認めます。

そうしたら、「この罪悪感を手放そう！」と頭の中で言って罪悪感を手放してみると、「楽しい人たちと一緒にいていいんだ！」と思える。

楽しい人たちと一緒にいると、「あ！　大変な人と一緒にいたのは罪悪感からだったんだ」とわかってくるんです。

▼ダメな男ともキッパリ別れられる

ある女性は、「ダメな男の人ばかりとつきあってしまう」という悩みがありました。近づいてくる人は、「自分のことを大切にしてくれない人」とわかっているのに、自分から相手を切ることができません。

一緒にいてまったく「楽しい」と感じられないのに、「切ってしまったらかわいそう」とか「別れようとすると相手に説得されて引き戻されちゃうのがわかっている」から、楽しくない人といつまでも一緒にいるようになっていました。

女性は、「自分に罪悪感があるから楽しい人と一緒にいられない」というしくみが理解できませんでした。なぜなら、自分は、相手の男性が自分を大切にしてくれないから別れよう、と思っていたからです。

でも、実際に別れることができていないから、「もしかして罪悪感があるのかも」と気づいて、男性のことが頭に浮かんだときに「罪悪感を認めて手放します！」と頭の中で言ったら、「あれ？　あの人のことは全然関係ないや！」と思えるようになります。

男性から連絡が来てもスルーすることができる。なぜなら、女性は「あなたとは別れたい、と一度はちゃんと伝えたんだもん」とキッパリ思えて、そこに迷いがなくなっていたからです。

ごめーん。もうしないからぁ
ハイ ハイ
罪悪感を手放したら…
えーっ
さようなら
(キッパリ)

迷いがなくなったら、今度は「一緒にいて楽しい！」と思える男性が近づいてきたので、「これも罪悪感を手放したおかげ？」と、不思議な気持ちになりました。

▼一緒にいて楽しい男性と出会える

いつもだったら、少々変な男性ばかりが近づいてきていたのに、罪悪感を手放したら、一緒に時間を過ごしていて楽しい男性と出会えたので、「罪悪感って人生にものすごい影響を与えていたんだ」ということがわかります。

以前の女性だったら、この「一緒にいて楽しい」という男性のことを全然信じられなくて、「頼りにならない男性」ばかり選んでいたのですが、「一緒にいて楽しい」でいいんだと思えたんです。

ところが「楽しんでいいんだ！」と思ったときに、「男性と楽しい時間を過ごしている罪悪感」が湧いてきます。この罪悪感は誰に向けての罪悪感？　と女性が考えたときに、すぐに答えがわかります。「母親に対してだ！」と。

母親はいつも父親に苦しめられていたのに、女性は「自分のせいで母親が父親から離れられないで苦しんでいる」という罪悪感があったんです。だから、自分が楽しい男性とつきあって、

お母さんへの罪悪感を手放すことで楽しい男性とつきあえるようになった

母親よりも幸せになることへの罪悪感があったんだ！　と気がついたんです。

そこで「この罪悪感を認めて手放します！」と、頭の中で言ってみたら「お母さんごめんね！」という気持ちがどんどん薄らいでいく。

すると、一緒にいて楽しい男性と話が弾んで、幸せな時間を過ごすことができるように変わっていったんです。

▼職場環境にも変化が。仕事が楽しくなる

ある男性は、「職場でいつも大変な同僚の面倒を見させられる」というのが悩みでした。

面倒見がいいから上司から押しつけられるのだろう、と思っていたのですが、「あれ？　もしかしてこの背後に罪悪感があるのかも？」と、気がついてし

まいます。
生意気な部下や、仕事を押しつけてくる同僚のことが気になったら、「この裏に罪悪感がある
ことを認めて手放します」と頭の中で言ってみると、「あ！　本当に罪悪感があった！」という
ことに気がつきます。

男性は、子どもの頃に楽しい友達と遊んでいたら、親からものすごく怒られて、「あんたがあの子たちと遊んでいたら、近所の人からどう思われると思っているの！」と怒鳴りつけられていました。

ものすごく小さい頃だったのでなんのことかわからず、「自分が友達と楽しんじゃいけないんだ」と思うようになって、問題を抱えている子の面倒を見るようになったんです。

そうした子と一緒にいると、みんなから仲間外れにされるようになって、「普通の子と仲良くなれない罪悪感」というのが湧いてきます。そのうちに、その罪悪感から「自分は普通じゃないんだ」と、感じるようになっていたことを思い出してしまった。

「うわ〜！　これって全部、親から入れられた罪悪感だったんだ！」と気がついて、「罪悪感を手放す！」と、男性は心の中でこれまで大切に抱えていた罪悪感を放り投げます。

すると男性は、「仕事ができる楽しい人とおつきあいをする」ということが自然とできるようになりました。

ところがそのとき、仕事ができない人を見捨てる罪悪感が湧いてきたので、「この罪悪感を手放します」と頭の中で言ってみると、「見捨てるわけじゃなくて、本人たちに任せるということだよな」と思えてラクになります。

そうしたら、仕事ができる人と一緒に仕事をするのがさらに楽しくなり、どんどん頭が楽しい人に刺激されて活性化してきて「こんなに自分は新しいアイディアが湧いてくるんだ！」と思えて、それまで「仕事を辞めたい」と思っていた職場の中に、ものすごい可能性を見出すことができるようになって、仕事が楽しくなっていったんです。

罪悪感を手放して楽しい人たちと一緒に楽しむことで、どんどん新しい可能性が目の前に広がっていくんです。

■素敵な人生⑥

しがらみから解放されて自由になる

罪悪感がなくなると人間関係が整理されていきます。

罪悪感でいっぱいだったときは、メールやSNSで知り合った人や仕事関係の人たち、さらには親戚一同のことを「あの人はどうしているだろうな？」と考え、そして連絡をして、「あー、やっぱり連絡をしなければよかった」と後悔していました。

相手のことを気にしてあげるなんて、自分は親切で優しい人間、と思っていたのですが、罪悪感から解放されると、全然、人のことを気にしなくなって、連絡をしないので、どんどん人間関係が整理されていくことになります。

▼引きずってきた人間関係を手放してみる

以前だったら「不義理をしている」という罪悪感で、居ても立ってもいられない感じで連絡をしていたのですが、そんなときに「あ、連絡しないことへの罪悪感があるんだ！」と認めて「この罪悪感を手放します」と頭の中で言って手放します。

すると「連絡しなくても大丈夫！」という感覚になるし、連絡をしないので人間関係がどんどん整理されていきます。

人間関係が整理されることで、自分は「みんなから身捨てられてダメ人間になる」と思っていたのですが、罪悪感を手放してみると、「しがらみから解放されて自由になる！」という感覚になります。

自分が気になって引きずってきた人間関係は、自分にとって必要なものだと思っていたけれ

連絡してないな…
不義理をしてるな…
あ、これも罪悪感か！
頭の中で「この罪悪感を手放します」
罪悪感に縛られた人間関係はしがらみだった
気にしなーい
これでよし！

ど、罪悪感を手放してみると「あの人間関係はみんなしがらみだった」とわかります。

なぜなら、整理されていく人間関係は、みんな私に罪悪感を与えてくる人たちだったから。

そういう人たちに会ったり、コミュニケーションを取ったりすると、後から「申し訳ない気持ち」や「残念な気持ち」、さらには「わかってもらえない怒り」などが湧いてきますが、それらの気持ちの下にあるのが「罪悪感」です。人間関係が整理されていく人たちは、綺麗にその罪悪感を私の心に植えつけてくれる人たちでした。

▼罪悪感にまみれた人間関係が整理される

「相手が罪悪感を植えつけてくると言うのは、相手に失礼じゃないの？」と、罪悪感が湧いてくるのもそれ。もちろん、罪悪感を意図的に植えつけてくる人もいるかもしれませんが、意図的ではなくて、相手の中にある罪悪感をなすりつけられる、という感じです。

芥川龍之介の「蜘蛛の糸」の話ではありませんが、罪悪感の地獄にいて、罪悪感にまみれている人は、そこから抜け出したくて、罪悪感をもっている人の足を引っ張ってしまう、あの感覚です。

振り返ってみると、自分自身も罪悪感でいっぱいになっているときは、知らず知らずのうちにそれと同じことをやってしまっていたと、罪悪感を手放した今は見えてきます。

そんな罪悪感をなすりつけてしまった人たちのことを思い出して、「申し訳ないことをした」という罪悪感が湧いてきたら、「この罪悪感を手放します」と頭の中で言って、罪悪感を手放してみます。すると、「もうあそこには戻りたくない」という気持ちから、なおさら罪悪感を手放していきたくなるんです。

罪悪感を手放していくと、罪悪感にまみれて罪悪感をなすりつけてくる人間関係が整理されて、自由になっていきます。すると、罪悪感から自由になった人たちが近づいてきて、新たな

罪悪感地獄では、足の引っ張りあいが。手放すことで新たな道へ進める

る人間関係を構築していくことができます。ラクで、自由な人間関係が、整理した後に出来上がっていくんです。

▼人にふり回されなくなる

ある女性は、「親戚づきあいがいや」と思っているのに、父親の仕事に親戚が関わっているので「つきあわなきゃいけない」と思って、親戚と関わってしまいます。

一生懸命に親切にしてあげても、親戚からは「やって当たり前」という感じで、まったく感謝されません。

逆に文句を言われて「私の関わり方が悪かった」と、罪悪感を感じることになります。その罪悪感で、親戚づきあいから逃れることができなくて、「このまま私の人生はこの人たちにふり回されて終わってしまうのかも」と、絶望的な気分になっていました。

「罪悪感を手放す」と言われたときに、「嫌っている親戚に罪悪感なんかあるのかな？」と疑問に思いながら、「罪悪感があることを認めて手放します」と、頭の中で言ってみると「あ！　罪悪感があった！」と見つけてしまいます。

自分が親戚に関わらなければ母親が関わることになり、母親が親戚にふり回されて大変なことになる、という罪悪感。

自分が関わらなければ、母親を苦しめる罪悪感から、関わることがやめられなかった、ということがわかるんです。

「この罪悪感を手放します」と言うのに抵抗があったのは、母を見捨てるような気持ちになるから。その罪悪感も「手放します」と頭の中で言って手放してみます。

すると、「親戚から連絡が来ても、返さないでいられるようになった」とスルーできるようになります。そして、親戚は女性抜きでなんとかするようになり、女性は「あれ？」という感じで少し寂しくなります。

寂しくなったので「もしかしたらここにも罪悪感があるかも？」と思って、「罪悪感があることを認めて手放します」と頭の中で言ってみると、「みんなの役に立たない罪悪感」がそこに浮かんできます。

「あー！　この罪悪感で親戚に関わらされてきたんだ！」とわかって、「手放します」ともう一度言ってみると、「任せておけばいいや！」と放置することができました。すると親戚からは連絡が来なくなり、家族との関わりも少なくなって、「男性との素敵な出会いがあった」とおもしろい展開になりました。

そりゃそうだよね！　と女性は納得します。

なぜなら、親戚にふり回されていたときは、罪悪感を植えつけられてものすごく険しい顔をしていたのが自分でもわかるから。さらに、おしゃれをすると親戚から突っ込まれるので、化粧もおしゃれもすることができなかったんです。

人間関係が整理されていくと、自分の好きな服が着られるようになって、化粧も楽しくなって、笑顔でラクにいられます。そうしたら、男性が近寄ってきて、新たなる人間関係がそこからつくられていきます。

男性に気を使いそうになったら、「罪悪感があるんだ！」と思って「罪悪感を認めて手放します！」と頭の中で言ってみると、適度な距離が男性と取れて、「この距離感って楽しい！」とその関係を楽しむことができました。

その素敵な距離感を保ちながら、一緒に暮らすようになって、楽しい家族という罪悪感フリーの人間関係を女性は生まれて初めて体験することができたんです。

■素敵な人生⑦

生まれ変わると、気持ちが美しくなる

罪悪感から解放されていくと、気持ちが美しくなります。

罪悪感にまみれていたときって「気持ちがドロドロだ〜」といつも汚物にまみれているような感覚でした。

▼ドロドロの罪悪感から解放される

洗っても洗っても消えない罪悪感で苦しみ、その罪悪感から逃れたいから、人を責めて怒り憎しみ、そんな汚い気持ちでいっぱいの自分を恥ずかしいと思い、さらに罪悪感でいっぱいになってしまいます。

一人でいるときも、過去の人たちがたくさん出てきて、「あの人に申し訳ないことをした」と罪悪感が湧いてきて、それを打ち消すために「ムカつく！」と今度は怒り、そして相手を憎んで、また罪悪感に戻っていく。

私は、この醜い世界から抜け出せないのでは？　とずっともがき苦しんできました。それが罪悪感のせいだと気がつかなかったから。

「罪悪感を認めて、手放します！」と頭の中で言ってみると、「申し訳ないことをしてきた」という罪悪感から解放されていきます。

でも今度は、「罪悪感から解放される罪悪感」が湧いてきます。そうしたら、「この罪悪感を認めて手放します」と、心の中で握りしめていた罪悪感を手放します。

そんなときに、おもしろい感覚になります。そう、自分が握りしめていたのは母親とつながっていた臍《へそ》の緒。それを切り離して、手放す感覚です。

握りしめていた罪悪感を手放したときに、「あー！　母親を手放すことなんだ！」という感覚がわかってくるんです。

そうすると、「なにも母親を手放すことはないじゃないか！」とか「産んでくれた母親に失礼じゃないか！」という罪悪感が私の中に響いてくるから、「この罪悪感を認めて手放します！」と頭の中で言ってみます。

すると、私の中で苦しんでいた母親の表情が笑顔になって、私から離れていく。そんなときに、私の罪悪感でつなぎとめていた母親を私が苦しめていたんじゃないか？　という罪悪感が湧いてくるから「この罪悪感を認めて手放します」と、頭の中で言ってみます。すると、幼い

握りしめていた罪悪感を手放すことで生まれ変わることができる

それは臍の緒を手放すような
不思議な感覚

私が宙に浮いているような感覚になります。

「あれ？　私ってこんなに幼かったっけ？」というぐらい幼い姿の自分が、自分の心の中にあったんです。「そりゃ、そうですよね！」と納得。だって、罪悪感という母親の臍の緒を握ったまま、暗黒の母親のお腹の中にずっといたんですから。

▼フィルターが外れ、新しい世界が見える

罪悪感を手放したときに、初めて自分が明るい世界へと出てくることができました。

今まで、罪悪感という母親の胎内から、母親の目線で「正しい or まちがっている」を判断して、人に対して怒って攻撃していた自分。罪悪感から相手を批判して責めても、なにも成し遂げることができない自分に罪悪感を感じて、惨《みじ》めで暗い罪悪感の中

に閉じこもっていました。

「罪悪感を手放します」と、罪悪感をしっかりと握っていた指の一本一本を開いていったときに、そこにあったのは、母と自分とを繋ぐ臍の緒でした。

手放してみたら、母の胎内から生まれ出て、自分の目で外の世界を見ることができるようになります。罪悪感から解放されて、自分の目で外の世界を見てみると、多くの人が罪悪感という母親のお腹の中で怒っている姿が見えてきます。なぜなら、自分も罪悪感を手放すまで同じことをしていたのですから。

大きな子どもを胎内に抱えている母親は苦しそう。そして、苦しんでいる母親の目線で世の中を見ている子どもたちは、罪悪感にまみれてしまう。そのしくみが外からだとよく見えてくるんです。

外から見ていると母親は苦しそうですが、子どもをお腹に宿している喜びがそこにはあります。「早く産み過ぎてしまったら、この子は大変なことになる」という母親の罪悪感があるから、母親は苦しみながらも、子どものために耐え続けます。

その母親が感じる罪悪感で、「母親を苦しめている罪悪感」がさらに増幅して、子どもは罪悪感という臍の緒を手放せなくなっていたんだ、と自分のことのように思えて懐かしくなります。

光ある世界は美しく輝いている

「罪悪感を手放します」と頭の中で言って、掌《てのひら》を広げてみると、母親と繋がっている臍の緒を手放していました。

そして、外の世界に出てみたら、罪悪感のフィルターで見ていた「正しい or まちがっている」の白黒の世界とは違っていました。すべて、目に入ってくるものは、光の反射による様々な美しい色の世界です。

新しい世界は色鮮やかな美しい世界。気持ちも美しくなる

赤い色は情熱の色で、黄色は気持ちを幸せにしてくれる。青い色は私の波立った心を鎮めてくれて心の中を凪《なぎ》にしてくれます。

罪悪感を握りしめていたときは、「正しい　or　まちがっている」の白と黒しか見えていなかったのが、手放してみたら、美しい色が見えてきて、その光の反射によって私の気持ちも美しく輝いていきます。

空を見ても、花の美しい色を見てもなにも感じられなかったのは、罪悪感のフィルターで「正しい　or　まちがっている」の白黒でしか見ていなかったから。罪悪感を手放してみると、人の中にも様々な輝きが見えて、「美しい」と感動することができて、自分の気持ちがどんどん美しくなっていきます。

罪悪感にまみれて、憎しみと恨みでいっぱいだった自分が懐かしく思えるのは、それを手放して、外の世界に出たときに、本当の輝きに照らされた様々な美しい色で感動することができるから。

外の様々な光に私は照らされて、そして、私の心はその光を反射しながら美しく輝いていく。

罪悪感を手放して、光のある世界に出てきてみたら、心にはドロドロした醜いものはなくて、美しい光を反射する輝きに溢れていました。

「罪悪感を認めて手放します」と頭の中で言って、掌を広げてみると、気持ちがどんどん美しくなっていきます。

なぜなら、光のある世界に出てくることができるから。

そして、手放してみると、自分が苦しめている、と思っていた人たちがみんな笑顔になっていくから。

出版社の方から「罪悪感のことを書いてください」と言われたときに、「え〜！　私には無理！」と思ってしまいました。なぜなら、生まれてからずっと罪悪感で苦しんできたからです。そして、実際に書き始めてみたら、「うわ〜、過去の苦しかった罪悪感が次から次へと出てくる」と泥まみれの気分になっていました。

これを一般の人が読んでも大丈夫なのかな？　と心配になりながらも、苦しみを生み出す罪悪感について書く手は止まりません。そして、苦しみながら最後まで書かせていただいたら、「あ！　生まれたかも！」という不思議な感覚が。

私は、心のどこかで「罪悪感があるから悪いことをしない」と、罪悪感にしがみついていました。罪悪感があれば「清く正しく生きられるはず」という思いがあったんです。

清く正しく生きていれば母親から愛されるはず、と思って私は罪悪感を手放すことができずにいて、母親の暗いお腹の中で臍の緒を握りしめていました。これを一般的な言葉に置きかえると、「一寸先は闇」「お先真っ暗」という不安と恐怖の状態。お金がなくなる恐怖、仕事を失ってしまう不安、友達や家族から見捨てられる恐怖、老いて迷惑がられる恐怖、さらに死の恐怖など、見えない将来の不安と恐怖に怯えている状態が「母親のお腹の中」という表現になります。大人だったら怯えないで、ひとつひとつに立ち向かっているでしょうね。「お先真っ暗」と怯えてなにもできないでいる私は、罪悪感という母親の臍の緒を握りしめているから、「お先が真っ暗な恐怖」の状態から抜け出すことができなかったんです。

なぜ罪悪感が母親の臍の緒なのかというと、罪悪感があって清く正しくなれば母親から愛されるという感覚があり、そして、握りしめている罪悪感の先に、母の愛があることを信じ続けていたからでした。

この罪悪感の原稿を書き上げたときに、「あ！　生まれたかも！」と感じたのは、罪悪感を手放すことができたから。そんな私のなにが変わったの？　と、自分では変化に実感がなかったのですが、編集されて送られてきた「罪悪感の原稿」を読んだとき、「あれ？　全然ドロドロしていない！」でびっくりしました。

書いていたときは「読めば読むほど自分が汚れていて醜い存在」と思っていたけど、それがまったくなくて、「読めば読むほどスッキリしちゃう！」。「あれ？　これって編集者の編集の力？」と、罪悪感で苦しまなくなっている自分が信じられません。

これが「罪悪感を手放して生まれ変わる」という現象だったら、地味な変化なのかもしれません。でも、私の中では「自分の足で歩いている」という感覚があって、「お先真っ暗」と感じながらもなにも行動できなかったあの感覚がいつの間にか消え去っていたんです。

罪悪感を手放すも手放さないもその人の自由です。でも、この本は、一人の人が自由になるためのひとつのきっかけになるのでは、という予感が私の中でしています。明るい日の光の下で。

さくいん

● 著者

大嶋信頼（おおしま・のぶより）

心理カウンセラー。株式会社インサイト・カウンセリング代表取締役。米国・私立アズベリー大学心理学部卒。ブリーフ・セラピーのFAP療法(Free from Anxiety Program)を開発。トラウマのほかにも多くの症例に効果をあげている。アルコール依存専門病院、周愛利田クリニックに勤務しつつ東京都精神医学総合研究所の研修生、嗜癖問題臨床研究所付属原宿相談室非常勤職員として依存症への対応を学ぶ。同室長を経て、株式会社アイエフエフ代表取締役を務め、現職。主な著書に『支配されちゃう人たち』『見ない、聞かない、反省しない――なぜかうまくいく人の秘密』（青山ライフ出版）、『消したくても消せない嫉妬・劣等感を一瞬で消す方法』（すばる舎）、『自己肯定感が低い自分と上手につきあう処方箋』（ナツメ社）、『「ほんのひと言」に傷つかなくなる本』（大和書房）など多数。

本書に関するお問い合わせは、書名・発行日・該当ページを明記の上、下記のいずれかの方法にてお送りください。電話でのお問い合わせはお受けしておりません。

・ナツメ社 webサイトのお問い合わせフォーム
https://www.natsume.co.jp/contact
・FAX　03(3291)1305
・郵送(下記、ナツメ出版企画株式会社宛て)

なお、回答までに日にちをいただく場合があります。正誤のお問い合わせ以外の書籍内容に関する解説・個別の相談は行っておりません。あらかじめご了承ください。

ナツメ社Webサイト
https://www.natsume.co.jp
書籍の最新情報（正誤情報を含む）はナツメ社Webサイトをご覧ください。

罪悪感《ざいあくかん》をなくして心《こころ》のフットワークをよくする処方箋《しょほうせん》

2021年9月1日　初版発行

著　者　大嶋信頼《おおしまのぶより》
発行者　田村正隆

発行所　株式会社ナツメ社
東京都千代田区神田神保町1-52 ナツメ社ビル1F（〒101-0051）
電話　03(3291)1257(代表)　FAX　03(3291)5761
振替　00130-1-58661
制作　ナツメ出版企画株式会社
東京都千代田区神田神保町1-52 ナツメ社ビル3F（〒101-0051）
電話　03(3295)3921(代表)
印刷所　ラン印刷社

ISBN978-4-8163-7051-9
Printed in Japan